JESUS CRISTO

TEOLOGIA DO PAPA FRANCISCO

JESUS CRISTO

ANTONIO MANZATTO

Dados Internacionais de Catalogação na Publicação (CIP)
(Câmara Brasileira do Livro, SP, Brasil)

Manzatto, Antonio
Jesus Cristo / Antonio Manzatto. -- São Paulo : Paulinas, 2019.
-- (Coleção teologia do Papa Francisco)

ISBN 978-85-356-4502-6

1. Francisco, Papa, 1936- 2. Igreja Católica - Doutrina social 3. Jesus Cristo - Ensinamentos 4. Literatura devocional 5. Teologia social I. Título. II. Série.

19-24125 CDD-261.8325

Índice para catálogo sistemático:
1. Francisco, Papa : Teologia social : Cristianismo   261.8325

Maria Alice Ferreira - Bibliotecária - CRB-8/7964

1ª edição – 2019

Direção-geral:	Flávia Reginatto
Conselho editorial:	Dr. Antonio Francisco Lelo
	Dr. João Décio Passos
	Ma. Maria Goretti de Oliveira
	Dr. Matthias Grenzer
	Dra. Vera Ivanise Bombonatto
Editores responsáveis:	Vera Ivanise Bombonatto
	João Décio Passos
Copidesque:	Ana Cecilia Mari
Coordenação de revisão:	Marina Mendonça
Gerente de produção:	Felício Calegaro Neto
Produção de arte:	Tiago Filu

Nenhuma parte desta obra poderá ser reproduzida ou transmitida por qualquer forma e/ou quaisquer meios (eletrônico ou mecânico, incluindo fotocópia e gravação) ou arquivada em qualquer sistema ou banco de dados sem permissão escrita da Editora. Direitos reservados.

Paulinas
Rua Dona Inácia Uchoa, 62
04110-020 – São Paulo – SP (Brasil)
Tel.: (11) 2125-3500
http://www.paulinas.com.br – editora@paulinas.com.br
Telemarketing e SAC: 0800-7010081
© Pia Sociedade Filhas de São Paulo – São Paulo, 2019

TEOLOGIA DO PAPA FRANCISCO

A presente coleção Teologia do Papa Francisco resgata e sistematiza os grandes temas teológicos dos ensinamentos do papa reformador. Os pequenos volumes que compõem mais um conjunto da Biblioteca Francisco retomam os grandes temas da tradição teológica presentes no fundo e na superfície desses ensinamentos tão antigos quanto novos, oferecidos pelo Bispo de Roma. São sistematizações sucintas e didáticas; gotas recolhidas do manancial franciscano que revitalizam a Igreja e a sociedade por brotarem do coração do Evangelho.

CONHEÇA OS TÍTULOS DA COLEÇÃO:

ESPÍRITO SANTO
Victor Codina

IGREJA DOS POBRES
Francisco de Aquino Júnior

IGREJA SINODAL
Mario de França Miranda

ORGANIZAÇÕES POPULARES
Francisco de Aquino Júnior

MÉTODO TEOLÓGICO
João Décio Passos

IGREJA EM DIÁLOGO
Elias Wolff

HOMILIA
Antônio Sagrado Bogaz
João Henrique Hansen

DOUTRINA SOCIAL
Élio Estanislau Gasda

JESUS CRISTO
Antonio Manzatto

INTRODUÇÃO

"Quem dizem os homens que eu sou?" (Mc 8,27). Esta é a pergunta inicial da teologia que quer pensar a realidade de Jesus Cristo, o Filho de Deus encarnado. Ela se torna uma pergunta direta, ocasionando a confissão de fé pessoal que cada um é chamado a dar: "E vós, quem dizeis que eu sou?" (Mc 8,29). Faz parte da tradição metodológica da cristologia enfatizar esta questão porque, na verdade, a resposta que se dará constituirá a elaboração cristológica propriamente dita. Nesse sentido, a confissão de fé, que compromete a existência do crente, supõe e realiza sua afirmação cristológica mais básica.

Por isso mesmo pode parecer estranho que se queira colocar ao papa a pergunta que possibilita sua confissão de fé. Pode parecer até desrespeito, no sentido de, ao menos na aparência, colocar-lhe uma questão sobre os fundamentos de sua fé. Mas não se trata absolutamente disso. Não se quer aqui levantar nenhum tipo de dúvida sobre a fé do papa. Outros já apresentaram dúvidas a respeito dos ensinamentos do Papa Francisco, e isso não apenas escandalizou a Igreja mas mostrou ao mundo todo os interesses que se escondem, como sempre se esconderam, por detrás de discursos de pretensa defesa da tradição. Tais discursos, na verdade, defendem apenas tradicionalismos que fundamentam não apenas modelos de Igreja ultrapassados, mas, sobretudo, privilégios eclesiásticos descabidos em tempos pós-conciliares.

No entanto, a manifestação desses que se opõem a Francisco, e são muitos os que se acobertam em grupos eclesiásticos ou pretensamente eclesiais, ocasionou verdadeiro movimento da Igreja em defesa da pessoa, do pensamento e da atuação do papa. Não era tão comum assim ver teólogos e teólogas de renome no cenário eclesial mundial pronunciando-se, com argumentos teológicos, em defesa do papa e da forma de exercício de seu ministério específico. Aliás, o que se via anteriormente era praticamente o contrário, com muitos e variados questionamentos ao trabalho de teólogos no cenário eclesial, quando não do estabelecimento de processos e punições visando não apenas calar as vozes críticas, mas também instituir um discurso teológico monocórdico, o qual, se não desprezava, omitia as referências ao Concílio Vaticano II.

Criou-se uma espécie de distanciamento entre o discurso magisterial e o trabalho de teólogos e teólogas. Guardou-se, apenas, os trabalhos daqueles que poderiam ser chamados de "teólogos da corte", enquanto os de postura mais progressista ou crítica viam seus trabalhos e pesquisas desprezados ou condenados. O que se pedia era uma teologia que funcionasse como apologia do magistério, como se a teologia não tivesse a função de pensar de forma crítica e racional os fundamentos da fé e suas consequências na vida da Igreja. Não foram poucos os acontecimentos que geraram, por isso mesmo, mal-estares no mundo da teologia.

Curiosamente, e não sem surpresa, o cenário se inverteu. Aqueles mais conservadores, que queriam que a teologia apenas funcionasse como defesa do magistério, sobretudo o do papa, tornaram-se críticos dos textos, das posturas e das afirmações de Francisco. Outros, exatamente os que guardavam posições mais progressistas, apresentam-se agora como defensores do pensamento do papa. Mas a questão não é apenas eclesiológica, no sentido de defender este ou aquele modelo de Igreja, ou ideológica, no sentido de defender este ou aquele privilégio eclesial ou social. A questão é mais profunda, porque não se detém em referências ao ministério petrino, mas vai além, buscando afirmar fidelidade ao Concílio Vaticano II e, por este caminho, fidelidade ao Evangelho de Jesus. Por isso, o debate traz à luz, mais do que a busca de compreensão do papel ou da função eclesial da teologia, a própria identidade. Porque o que se quer é pensar a natureza própria da teologia que continua sendo *fides quaerens intellectum*, assumindo também sua condição atual de ser *intellecuts amoris*.

Por outro lado, pela mesma razão, muitos querem diminuir o impacto eclesial da postura e dos ensinamentos de Francisco, dizendo tratar-se de um papa que não é bom teólogo, que não é nem mesmo teólogo, talvez um pastoralista, quando muito; que seu pensamento não teria a profundidade ou a amplidão de uma visão mais doutrinal. Com isso, o que se quer é diminuir sua relevância no cenário eclesial, apostando tratar-se de um "papa de passagem", com um pontificado breve e que não precisa deixar marcas mais profundas no cenário histórico da Igreja. Apostam na recuperação de "posturas doutrinais" mais antiquadas, visando à retomada de ideias e ideais ultrapassados, em perspectiva de neocristandade, como a que vimos recentemente. O foco é, mais uma vez, o Vaticano II e as transformações que o Concílio trouxe para a vida da Igreja.

Exatamente por isso, teólogos e teólogas acorrem para apontar os elementos teológicos presentes nos textos e nas palavras de Francisco.[1] Mostram que, mais do que simples catequese, Francisco desenvolve uma teologia bem elaborada, bem articulada, fiel à tradição, ao Vaticano II e, mais importante, a Jesus de Nazaré. É sua fé pessoal, articulada em sintonia com a fé da Igreja, que move seus passos e

---

[1] Por exemplo, Michelina Tenace (Org.). *Dal chiodo alla chiave, la teologia fondamentale di Papa Francesco*. Vaticano: Libreria Editrice Vaticana, 2017; também Walter Kasper, *Papa Francesco, la rivoluzione dela tenerezza e dell'amore*. Brescia: Queriniana, 2015.

comportamentos. Sua postura é pastoral, sim, mas nem por isso menos teológica.

Aliás, esta é outra questão importante a ser colocada. Não são poucos os que valorizam os procedimentos teológicos como sendo importantes e de qualidade, enquanto os comportamentos pastorais são como que menosprezados. Acontece aquilo que estamos mais ou menos acostumados a ver na sociedade: o trabalho intelectual, que seria o da teologia, é muito mais valorizado que o trabalho braçal, que seria o da pastoral. Por isso, posturas pastorais são admitidas, mesmo as mais diversas e, inclusive, algumas progressistas, uma vez que elas mudam e se transformam de acordo com os povos, as culturas e situações históricas. O que se faz na pastoral hoje, pode-se não fazer amanhã. Já com a teologia é outra história, porque ela atinge a compreensão da fé e, por isso, tem um caráter mais perene. Pensa-se que suas posturas são "para sempre" e, portanto, não podem ser mudadas. Faz-se aquela confusão entre a teologia, suas posturas e suas conclusões, e a afirmação da fé, que permanece e deve permanecer apostólica, e o próprio ser de Deus que é eterno.

O exemplo mais claro disso é o próprio Vaticano II. Quando se diz que o Concílio é pastoral, se o admite e se quer mesmo ultrapassá-lo, ainda que por uma volta ao que era anterior. O argumento é exatamente o de que as posturas pastorais variam de acordo com o tempo e a sociedade, e aquela pastoral de cinquenta anos atrás não é mais possível nem viável atualmente. Porém, quando se diz que o Concílio tem, sim, afirmações e implicações doutrinais, então já não se o admite, argumentando que a doutrina não pode mudar e o Vaticano II tem posturas diferentes daquelas assumidas no Concílio de Trento, por exemplo. Mais uma vez, a questão é assumir ou não o Vaticano II e as novas posturas eclesiais que ele ocasionou e ainda ocasiona.

Na América Latina, como em outros lugares, tal debate já foi ultrapassado de maneira teórica e prática. Percebeu-se como a teologia fundamenta e orienta a vida e a atuação pastoral da Igreja e como esta, em retorno, orienta e fundamenta a elaboração teológica. A ação pastoral não é mera aplicação de princípios, normas ou métodos teológicos ou doutrinais; a pastoral da Igreja, como ensina o Vaticano II, é a ação de cuidar do rebanho de Jesus, o Povo de Deus. Tal cuidado deve se manter em sintonia de fidelidade à fé cristã, e neste sentido a teologia é importante para orientá-lo e fundamentá-lo, mas também deve se manter em sintonia com as realidades atuais do mundo, da história e da sociedade, porque se trata de ação efetiva de cuidado, e não apenas orientações ou afirmações moralizantes. Nesse sentido, a ação pastoral coloca à reflexão teológica questões de compreensão ou de hermenêutica, mas também questões de pertinência histórica, e por isso orienta o desenvolvimento da própria elaboração teológica. O método ver-julgar-agir manifesta tal realidade de maneira muito clara: enxergar a realidade, elaborar a reflexão e atuar sobre a realidade que, então, se transforma, ocasionando nova situação, nova reflexão e novas ações, que, por sua vez, transformam novamente a realidade, e assim sucessivamente. Teologia e pastoral não são dimensões estáticas ou isoladas, mas guardam profunda relação entre si. Isso o Concílio Vaticano II bem manifestou, a Igreja latino-americana o vivenciou e o Papa Francisco o apresenta para toda a Igreja.

Eis as razões pelas quais não se considera inoportuno ou estranho pensar a cristologia do Papa Francisco. Ela é sua maneira de propor à Igreja atual aquilo que ele mesmo vivencia como compreensão da pessoa de Jesus Cristo, que compromete, a partir da afirmação da fé eclesial, a vida dos crentes, das comunidades e da própria instituição. Neste estudo, limitamos as referências aos textos mais importantes e significativos do Papa Francisco[2] e optamos por fazer blocos de citações para, em seguida, apresentar o desenvolvimento teológico que ocasionam.

---

[2] Os textos fundamentais do Papa Francisco são: *Evangelii Gaudium* (EG), de 2013; *Laudato Si'* (LS), de 2015; *Amoris Laetitia* (AL), de 2016, e *Gaudete et Exsultate* (GE), de 2018. Outros textos menores também são citados, como *Misericordiae Vultus* (MV), de 2015, e *Misericordia et misera* (MM), de 2016; a encíclica *Lumen Fidei* (LF), de 2013, não será citada por não se tratar de um texto exclusivo de Francisco.

1

CRISTOLOGIA DA ENCARNAÇÃO

Um dos pontos mais importantes da cristologia de Francisco é, indubitavelmente, a encarnação; essa verdade tão central na fé cristã e, ao mesmo tempo, tão esquecida ou maltratada! Pensar a realidade da encarnação não é, necessariamente, fazer uma cristologia do alto, como aquela de Bento XVI nos três volumes que compõem sua obra *Jesus de Nazaré*.[1] Como ele, muitos pensadores, na história da Igreja, elaboraram uma reflexão sobre a encarnação a partir da realidade do Verbo de Deus e, por isso, trabalharam mais as condições de possibilidade de sua real encarnação do que os desdobramentos que tal afirmação poderia significar na vida da Igreja e dos fiéis.[2] Diferentemente disso, Francisco faz uma cristologia de baixo, privilegiando a humanidade e a historicidade de Jesus de Nazaré, reconhecido como o Verbo de Deus encarnado. Pensa a realidade da encarnação

---

[1] Bento XVI, *Jesus de Nazaré*. São Paulo: Planeta, 2007; Principia, 2011, 2012. 3. vols.
[2] Assim, por exemplo, Cirilo de Alexandria e sua atuação no Concílio de Éfeso. Para detalhes sobre a cristologia do alto de Cirilo e de outros Padres da Igreja, Aloys Grillmeier, *Le Christ dans la tradition chrétienne*. Paris: Cerf, 1973.

como referência para influenciar o modo de ser Igreja e viver o cristianismo, na atualidade, a fim de apresentá-la como exigência à maneira de a Igreja se posicionar no mundo e os cristãos viverem a própria vocação.

Encarnação em Francisco

À confissão de fé no Filho de Deus encarnado, àquele que assume a realidade da condição humana corresponderá a necessidade de construir uma Igreja encarnada que assuma como sua a situação da humanidade contemporânea, já que "as alegrias e as esperanças, as tristezas e as angústias dos homens de hoje, sobretudo dos pobres e de todos aqueles que sofrem, são também as alegrias e as esperanças, as tristezas e as angústias dos discípulos de Cristo" (GS 1). Tal é a perspectiva de Francisco, que pensa uma cristologia da encarnação de forma atualizada e a partir do horizonte teológico latino-americano, que constitui um pouco como sua herança. Não se estranha, pois, que ele afirme o horizonte do seguimento de Jesus como aquilo que norteia seu comportamento pessoal e seu ministério, e que ele o proponha como caminho para a Igreja nos próximos anos (EG 1). Torna-se compreensível que, aqueles que se constituem como oposição a Francisco e a seu ministério sejam os continuadores, e nos mesmos argumentos, dos que se opuseram à teologia latino-americana, à *Nouvelle Théologie*, ao Concílio Vaticano II e a tudo aquilo que signifique historicização da fé e da prática cristã.

A importância da encarnação já aparece quando se pensa a relação entre a cristologia e as diversas formas de vivência cristã, sejam as de espiritualidade, sejam as de práticas pastorais, pois se critica a vontade de proclamar a fé em um Cristo meramente espiritual, desprovido da realidade da encarnação, como se essa fosse quase uma mácula ou um defeito na realidade do Filho de Deus que precisaria ser evitada. Quem pensa o Cristo desprovido de humanidade, pensa o comportamento cristão da mesma maneira:

> Muitos tentam escapar dos outros fechando-se na sua privacidade confortável ou no círculo reduzido dos mais íntimos, e renunciam ao realismo da dimensão social do Evangelho. Porque, assim como alguns quiseram um Cristo puramente espiritual, sem carne nem cruz, também se pretendem relações interpessoais mediadas apenas por sofisticados aparatos, por *écrans* e sistemas que se podem acender e apagar à vontade. Entretanto, o Evangelho convida-nos sempre a abraçar o risco do encontro com o rosto do outro, com a sua presença física que interpela, com os seus sofrimentos e as suas reivindicações, com a sua alegria contagiosa permanecendo lado a lado. A verdadeira fé no Filho de Deus feito carne é inseparável do dom de si mesmo, da pertença à comunidade, do serviço, da reconciliação com a carne dos outros. Na sua encarnação, o Filho de Deus convidou-nos à revolução da ternura (EG 88).

O ambiente da religiosidade popular, tão cara a Francisco, exige concretude, lembra ele. O Cristo se encarnou e a fé cristã também se encarna, e na realidade de vida do povo simples a concretude da prática de vida é extremamente relevante para a vivência dessa mesma fé:

> As formas próprias da religiosidade popular são encarnadas, porque brotaram da encarnação da fé cristã numa cultura popular. Por isso mesmo, incluem uma relação pessoal, não com energias harmonizadoras, mas com Deus, Jesus Cristo, Maria, um Santo. Têm carne, têm rostos. Estão aptas para alimentar potencialidades relacionais e não tanto fugas individualistas (EG 90).

Se o Cristo se encarnou, a Igreja não precisa temer encarnar-se na realidade humana, mesmo com a percepção de que a mesma fé cristã precisa ser anunciada, expressa e celebrada em variadas formas culturais:

> Se for bem entendida, a diversidade cultural não ameaça a unidade da Igreja. [...] Não faria justiça à lógica da encarnação pensar num cristianismo monocultural e monocórdico (EG 117).

Em cristologia se diz que a encarnação acontece pela união, na única pessoa de Jesus, das naturezas divina e humana, o que chamamos de "união hipostática". Tal união, uma vez realizada, nunca mais será desfeita, sob pena de se dissolver a realidade pessoal de Jesus. Muita gente, em variadas formas de pressão, se esquece atualmente disso, mas Francisco nos lembra, ao afirmar que a prática cristã precisa ter presente que a encarnação fez com que, de alguma forma e misteriosamente, o Verbo se unisse a todos os seres humanos, possibilitando-lhes o acesso ao Reino:

A Palavra de Deus ensina que, no irmão, está o prolongamento permanente da Encarnação para cada um de nós: "Sempre que fizestes isto a um destes meus irmãos mais pequeninos, a mim mesmo o fizestes" (Mt 25,40). [...] Por isso mesmo, "também o serviço da caridade é uma dimensão constitutiva da missão da Igreja e expressão irrenunciável da sua própria essência". Assim como a Igreja é missionária por natureza, também brota inevitavelmente dessa natureza a caridade efetiva para com o próximo, a compaixão que compreende, assiste e promove (EG 179).

O trabalho evangelizador da Igreja precisa levar em conta a realidade da encarnação. A Palavra de Deus se encarnou, se faz presente na carne da humanidade e precisa, por isso, alcançar a concretude da vida humana através da evangelização:

> A realidade é superior à ideia. Este critério está ligado à encarnação da Palavra e ao seu cumprimento: "Reconheceis que o espírito é de Deus por isto: todo o espírito que confessa Jesus Cristo que veio em carne mortal é de Deus" (1Jo 4,2). O critério da realidade, de uma Palavra já encarnada e sempre procurando encarnar-se, é essencial à evangelização. Por um lado, leva-nos a valorizar a história da Igreja como história de salvação, a recordar os nossos Santos que inculturaram o Evangelho na vida dos nossos povos, a recolher a rica tradição bimilenária da Igreja, sem pretender elaborar um pensamento desligado deste tesouro como se quiséssemos inventar o Evangelho. Por outro lado, este critério impele-nos a pôr em prática a Palavra, a realizar obras de justiça e caridade nas quais se torne fecunda

esta Palavra. Não pôr em prática, não levar à realidade a Palavra é construir sobre a areia, permanecer na pura ideia e degenerar em intimismos e gnosticismos que não dão fruto, que esterilizam o seu dinamismo (EG 233).

Laudato Si', a encíclica social de Francisco, apresenta a compreensão cristã da realidade do Verbo encarnado, que não se resume à percepção de que Jesus possui um corpo, mas desdobra sua compreensão no sentido de perceber a encarnação atingindo, em perspectiva salvífica, toda a criação, que nem por isso deixa de ter suas características de obra criada:

> Segundo a compreensão cristã da realidade, o destino da criação inteira passa pelo mistério de Cristo, que nela está presente desde a origem: "Todas as coisas foram criadas por ele e para ele" (Cl 1,16). O prólogo do Evangelho de João (1,1-18) mostra a atividade criadora de Cristo como Palavra divina (Logos). Mas o mesmo prólogo surpreende ao afirmar que esta Palavra "Se fez carne" (Jo 1, 14). Uma Pessoa da Santíssima Trindade inseriu-se no universo criado, partilhando a própria sorte com ele até à cruz. Desde o início do mundo, mas de modo peculiar a partir da encarnação, o mistério de Cristo opera veladamente no conjunto da realidade natural, sem com isso afetar a sua autonomia (LS 99).

Mesmo a teologia da Eucaristia precisa reconhecer sua relação intrínseca com a encarnação do Filho de Deus para não se perder em espiritualidades que terminam por não reconhecer a presença e a ação salvadora de Deus no mundo:

A criação encontra a sua maior elevação na Eucaristia. A graça, que tende a manifestar-se de modo sensível, atinge uma expressão maravilhosa quando o próprio Deus, feito homem, chega ao ponto de fazer-se comer pela sua criatura. No apogeu do mistério da Encarnação, o Senhor quer chegar ao nosso íntimo através de um pedaço de matéria. Não o faz de cima, mas de dentro, para podermos encontrá-lo no nosso próprio mundo. Na Eucaristia, já está realizada a plenitude, sendo o centro vital do universo, centro transbordante de amor e de vida sem fim. Unido ao Filho encarnado, presente na Eucaristia, todo o cosmos dá graças a Deus (LS 236).

Amoris Laetitia, a exortação apostólica sobre a família, não prescinde da afirmação da encarnação, seja na origem de Jesus, seja no detalhe das variadas formas de vivência de sua humanidade:

> A encarnação do Verbo numa família humana, em Nazaré, comove com a sua novidade a história do mundo [...]. E, em seguida, penetrar nos trinta longos anos em que Jesus ganhava o pão trabalhando com suas mãos, sussurrando a oração e a tradição crente do seu povo e formando-se na fé dos seus pais, até fazê-la frutificar no mistério do Reino (AL 65).

A realidade da encarnação faz com que o Cristo assuma todas as realidades humanas, inclusive aquelas relacionadas à família, lembra o papa:

> Na encarnação, ele assume o amor humano, purifica-o, leva-o à plenitude e dá aos esposos, com o seu Espírito, a capacidade de o viver, impregnando toda a sua vida com a fé, a esperança e a caridade (AL 67).

Tal aproximação não se faz por mera perspectiva moral, mas por imperativo cristológico, uma vez que relacionada à própria realidade de Jesus:

> Além disso, a família é um sinal cristológico, porque mostra a proximidade de Deus que compartilha a vida do ser humano unindo-se-lhe na encarnação, na cruz e na ressurreição (AL 161).

Na *Gaudete et Exsultate*, sua exortação apostólica sobre o chamado à santidade, Francisco insiste sobremaneira na importância de afirmar a realidade da encarnação do Filho de Deus e assinala os perigos que representam os movimentos de espiritualidade que não levam a sério a encarnação:

> Concebem uma mente sem encarnação, incapaz de tocar a carne sofredora de Cristo nos outros, engessada numa enciclopédia de abstrações. Ao desencarnar o mistério, em última análise, preferem "um Deus sem Cristo, um Cristo sem Igreja, uma Igreja sem povo" (GE 37).

A elaboração teológica, assim como os estudos eclesiásticos, de maneira geral, precisam ser informados pelo princípio da encarnação que governa, então, os desdobramentos em termos de formulações que se lhe seguem. Assim se expressa Francisco, ressaltando a importância que a realidade concreta da vida possui para se conhecer a revelação de Deus:

> As questões do nosso povo, as suas aflições, batalhas, sonhos, lutas, preocupações possuem um valor hermenêutico que não

podemos ignorar, se quisermos deveras levar a sério o princípio da encarnação. As suas perguntas ajudam-nos a questionar-nos, as suas questões interrogam-nos. Tudo isto nos ajuda a aprofundar o mistério da Palavra de Deus, Palavra que exige e pede que se dialogue, que se entre em comunhão (*Veritatis Gaudium* 5).

Efetivamente, a encarnação é um dos pilares da fé cristã, pois é ela que permite o reconhecimento da identidade entre Jesus de Nazaré e o Filho de Deus. Já o Evangelho de João afirma que "no princípio era o Verbo, e o Verbo estava com Deus, e o Verbo era Deus" (Jo 1,1), e "o Verbo se fez carne e habitou entre nós" (Jo 1,14). Assim, a fé cristã não reconhece Jesus como um ser humano que foi divinizado à maneira de heróis gregos, mas sim que Deus se fez humano, assumindo a realidade humana em todos os sentidos, "fazendo-se em tudo semelhante a nós, exceto no pecado" (GS 22). Na cristologia de Francisco, Jesus Cristo é o Filho de Deus encarnado e a encarnação constitui-se como verdadeira chave de leitura para afirmar o compromisso cristão e a maneira de ser Igreja, porque, como o Filho de Deus não hesita em assumir a realidade humana, também os cristãos, e a própria Igreja enquanto tal, não precisam nem devem hesitar em assumir as situações e realidades humanas para nelas viverem seu caminho para Deus. Assim se organiza o raciocínio do papa, como demonstrado desde a *Evangelii Gaudium*, na qual o tema tem destaque, até a *Gaudete et Exsultate*, quando figura como chave de leitura da proposta de espiritualidade que desenvolve. Na verdade, não existe muita discussão a respeito. É unanimidade na teologia o reconhecimento da importância da encarnação e a afirmação de seu valor. A questão vai se colocar em como compreendê-la, onde tem importância a compreensão sobre o humano.

A compreensão de encarnação na antiguidade

Não foi muito simples para as primeiras comunidades cristãs afirmarem e aceitarem o princípio da encarnação do Filho de Deus. Para os contemporâneos de Jesus, sua humanidade era evidente porque o viam, o sentiam, o tocavam, conversavam, caminhavam e comiam com ele, conviviam com ele. Em seu comportamento, tudo era humano, trivial e simplesmente humano. Tanto que a profissão de fé inicial da Igreja o proclamava Messias, sem que isso precisasse significar sua comunhão na natureza divina. É através da fé que os primeiros crentes, e todos os que lhes sucedem, vão enxergar naquele ser humano a presença, a ação e a realidade de Deus. Os olhos da fé possibilitam transcender aquilo que a experiência cotidiana aponta como realidade humana, para identificar e afirmar o ser de Deus agindo naquele ser humano.

Se era difícil para os judeus dizerem que alguém é presença de Deus no mundo, será ainda mais difícil para os gregos, embora as razões sejam diferentes. Os judeus afirmavam o mais absoluto monoteísmo: "Ouve ó Israel, o

Senhor nosso Deus é único" (Dt 6,4) e lhes era difícil, para não dizer impossível, afirmar que um ser humano na terra seria a encarnação de Deus. Afirmá-lo como Filho de Deus significaria apenas dizer que procedia do mundo de Deus, que era seu enviado como tantos outros na história antes dele ou, até mesmo, que poderia ser um anjo. Mas nunca Deus mesmo. Os gregos, admitindo certa pluralidade do mundo divino, também não podiam afirmar a encarnação de um deus, a não ser que ele provisoriamente assumisse aparência humana, nada mais. E quando confessavam a transcendência do *Théos*, este era tão distante, tão sublime, tão outro que não poderia tornar-se ser humano. Foram necessários vários séculos para que a afirmação da encarnação pudesse assumir a completude que conhecemos na fé cristã.

O Concílio de Niceia (325), em sua afirmação de fé, proclama que o Filho de Deus é "consubstancial" a Deus, isto é, também é Deus, e que ele efetivamente se encarna em Jesus de Nazaré, ou seja, torna-se homem. Para os gregos, este "tornar-se" era bastante problemático, porque indicaria uma mudança no ser de Deus, que não era e passou a ser. Metafisicamente se procura uma explicação que possa ser razoável, mas a afirmação da fé é direta: se fez homem, encarnando-se e nascendo de Maria. Foi necessário ainda um período longo para que se compreendesse, no interior da Igreja, aquilo que significava a afirmação da encarnação em seu alcance teológico. Muito se debateu sobre a humanidade de Jesus, se ela era integral ou não, e sobre sua divindade igualmente, sobre se ela era total ou parcial. Debateu-se onde, na pessoa de Jesus, se alojaria o Verbo, se em sua alma, inteligência, mente ou espírito. Era difícil dizer que o Verbo não estava em Jesus, mas que o Verbo era Jesus. Difícil porque significava uma ruptura com padrões estritos de racionalidade para possibilitar a liberdade da afirmação da fé. Por outro lado, não se podia exagerar dizendo qualquer coisa em nome da fé, sob o risco de torná-la incompreensível ou, pior, irracional. Por isso os debates foram importantes, possibilitando, de um lado, a profissão de fé que fala da encarnação do Filho de Deus e, por outro lado, a compreensão de que se tratava efetivamente de um ser humano igual a todos os outros.

Os cristãos conheciam as passagens evangélicas que falam da prisão, paixão e morte de Jesus, e tais relatos, bastante comprovados pela história, parecem atestar a impossibilidade da encarnação. Afinal, como poderia Deus sofrer e, pior, como poderia assumir a morte como todo ser humano? O que estava em jogo era o próprio conceito de Deus, a forma como se o compreendia. Afinal, não é ele o todo-poderoso, o onisciente e onipresente? Como pode encerrar-se em um único ser humano e, mais, como pode sofrer, se precisa ser aquele que salva com poder? Se já havia uma dificuldade para os cristãos de origem judaica admitirem que ele era o Messias, uma vez que não manifestara poder absoluto, também existiria para todos os outros cristãos afirmarem que se tratava de Deus mesmo em seus momentos de dor. O dilema se colocava de forma simples: ou ele é Deus e não sofre ou sofre e não é Deus. Não se admitia um Deus que pudesse assumir o sofrimento, a dor, a limitação da humanidade; por isso, a dificuldade em afirmar a encarnação. No máximo, ela poderia ser uma espécie de roupagem ou situação provisória em face de um objetivo. Por essa razão, muitos confessavam que sua humanidade não era integral, e assim interpretavam vários textos escriturísticos dando a impressão de que a humanidade do Filho de Deus era apenas aparente.

Nos séculos seguintes o debate não foi mais simples. A compreensão da integral divindade do Filho de Deus encarnado e de sua integral humanidade variou ao longo do tempo, mas continuou enfrentando inúmeras dificuldades. Muitos compreendiam a humanidade de Jesus como uma vestimenta, que ele colocava e retirava quando convinha. Outros reduziam sua humanidade à questão corporal, como se o humano fosse apenas corpo, afirmando então que a divindade era revestida pela humanidade. Na verdade, tudo era dirigido para que não se maculasse o poder e a grandeza de Deus, e, em certo sentido, isso significava sempre a defesa do conceito de Deus que já se possuía. Muito mais simples e seguro do que aceitar a realidade de

Deus que Jesus revelava era defender a compreensão de divino que já se possuía e tentar encaixar aí comportamentos e palavras que os evangelhos mostravam de Jesus. Se havia problemas com o conceito de encarnação, apareceram também problemas com a realidade da revelação trazida por Jesus.

Pensar a encarnação do Verbo de Deus no cristianismo não é a mesma coisa que pensar sobre um dos deuses do Olimpo assumindo momentaneamente uma forma humana ou animal, como afirma a mitologia grega. Não se trata de assumir uma forma ou vestir um corpo como se fosse uma roupagem ou um envelope, algo como se o Verbo vestisse o corpo de Jesus, o que equivaleria a dizer que Jesus não era plenamente humano visto que sua humanidade era simples corpo. O Verbo de Deus não assume simplesmente um corpo humano porque o humano é muito mais que seu corpo, e a fé ensina que o próprio Verbo se fez homem. A humanidade de Jesus não é simples autômato dirigido pelo Verbo de Deus, como se este fosse sua consciência ou mente, até porque Deus não é simplesmente consciência ou mente. O equilíbrio da afirmação cristológica exige que se mantenha constantemente a tensão que afirma que Jesus é Deus e é humano, um e outro não sendo excludentes como costuma pensar o senso comum.

Nesse sentido, a afirmação da encarnação é exigente. De um lado, há que se pensar a realidade de Deus que é capaz de humanidade, e de outro lado pensar a realidade humana que é capaz de Deus. Nossos hábitos de pensamento, normalmente de matriz filosófica, costumam separar o divino do humano, se não os fazendo opostos, ao menos os tornando quase inconciliáveis. Pensa-se normalmente que o que é humano não é digno de Deus e o que é divino é inatingível aos simples seres humanos. Pois a afirmação da encarnação diz que o divino e o humano não são inconciliáveis, mas que, mesmo permanecendo diferentes, podem unir-se em uma pessoa singular, Jesus de Nazaré. Desde então, os cristãos precisam esforçar-se para repensar seus conceitos de Deus e de homem, que não podem mais ser, simplesmente, derivados de sistemas filosóficos, mas da realidade de Jesus de Nazaré. Como dizemos na fé, ele é o revelador de Deus e do humano, ou seja, tudo o que sabemos ou pensamos saber de Deus precisa ser conferido com a realidade de Jesus de Nazaré, e o mesmo com o que sabemos sobre o humano. Acostumados a pensar a realidade humana de Jesus a partir de nossa experiência de humanidade, somos desafiados a um procedimento diferente, de confessarmos que tudo o que sabemos ou pensamos saber sobre o ser humano precisa ser conferido com a realidade de Jesus de Nazaré, de forma que não somos simplesmente nós a medida da humanidade de Jesus, mas, mais que isso, ele é a medida de nossa humanidade. Somos humanos à sua imagem e semelhança. Não é isso que nos ensina a

Escritura? Pois então, somos humanos na medida em que nos parecermos com ele, e afirmamos Deus na medida em que aprendemos dele como é o Pai de quem ele veio dar testemunho.

Nos debates cristológicos que aconteceram na Igreja antiga,[3] segundo as preferências intelectuais ou as tradições teológicas, ora se diminuía a divindade de Jesus para poder afirmar sua humanidade, como no arianismo e mais claramente no adocionismo, ora se diminuía sua humanidade para afirmar sua divindade, como no apolinarismo ou mais claramente no docetismo. Não foi fácil chegar a uma compreensão clara da realidade da encarnação, a fim de se poder afirmar como é possível que Deus não apenas se faça presente em um homem mas se torne um ser humano, e esse, por sua vez, não perca suas características de humanidade para tornar-se algo diferente daquilo que é nossa própria natureza. E se Calcedônia chega a uma formulação clara, coerente e aceitável, insiste mais sobre como não pensar a realidade do Verbo encarnado do que sobre como efetivamente pensá-la. Por isso o debate cristológico seguiu pelos séculos seguintes até o nosso tempo sem que as dificuldades de compreender e de afirmar tal mistério tenham sido todas definitivamente afastadas.

---

[3] Para uma visão geral da cristologia no período antigo da Igreja, veja-se Mario Serenthà, *Jesus Cristo ontem, hoje e sempre*. São Paulo: Salesiana Dom Bosco, 1986.

É preciso não esquecer que, no princípio do cristianismo, as comunidades se viram diante da necessidade de traduzir para a cultura grega os princípios de teologia e de formas de expressar a fé próprios da cultura hebraica. O processo missionário de expansão do cristianismo, fruto também da necessidade real de viver fora da Judeia e da sinagoga, tornou imprescindível dizer, compreender e explicar a realidade confessada de Jesus de Nazaré segundo a linguagem e as categorias próprias, agora, da cultura greco-romana. Em todo processo de tradução existe uma aproximação de significados, em que se ganha e se perde, porque os significados nunca são exatamente os mesmos pelo fato de as culturas serem diferentes. Assim, a Igreja, que confessava que Jesus era o Messias, o Filho do Deus Vivo (Mt 16,16), aquele que instaura o Reino de Deus, passou a confessá-lo como o Cristo Senhor, forma aproximada de dizer em grego o que se compreendia no messianismo da cultura judaica, mas que deixava nas sombras a compreensão de Reino de Deus, desconhecido dentro da cultura grega. O mesmo vale para a dificuldade de compreender a ressurreição de Jesus em categorias gregas, porque, se o judaísmo já conhecia a ressurreição a ponto de dizer que foi isso o que aconteceu com Jesus, os gregos desconheciam o conceito, mais acostumados a pensar a imortalidade. Daí os obstáculos que Paulo já enfrentava ao apresentar em cidades gregas a confissão cristã na ressurreição de Jesus e sua forma de pensar a realidade de Deus (At 17,23.32).

A integridade da fé cristã exige uma forma de compreensão da encarnação do Verbo de Deus que não escamoteie nem a afirmação de sua total divindade, já que ele não é Deus de segunda categoria, nem de sua total humanidade, porque ele também não é um ser humano pela metade. Aqui entra a questão da ortodoxia e da apostolicidade da confissão de fé a ser assumida por todo crente. Porque não se pode dividir a pessoa de Jesus em duas realidades, como se fosse metade divino e metade humano. Não se pode diminuir sua divindade, como se a encarnação não tivesse realmente acontecido, nem sua humanidade, como se ele não fosse humano como nós.

No final da antiguidade, a Igreja era capaz de dizer que Jesus de Nazaré, o Verbo de Deus encarnado, é consubstancial a Deus, tão divino quanto o Pai, e é consubstancial a nós, em tudo assumindo nossa humanidade, menos o pecado. Na ânsia de afirmar a plena e total humanidade de Jesus, chegou-se, inclusive, à formulação do chamado "argumento soteriológico", pelo qual se reconhece que "o que não é assumido, não é redimido".[4] Assim se afirma que a totalidade da humanidade pode ser salva por Deus, e não apenas uma parte dela. Se Jesus não tivesse assumido toda nossa

---

[4] O chamado argumento soteriológico é bastante conhecido na antiguidade, e consta em um texto de Gregório Nazianzeno (Epístola 101, 34), mas vários autores se referem a ele com fórmulas diversificadas. A ênfase é na afirmação da total humanidade de Jesus. Francisco, de certa forma, retoma a expressão, embora em outro contexto (EG 132).

humanidade, não estaríamos salvos, e ainda estaríamos nos nossos pecados (1Cor 15,17).

Pode-se objetar que ele assumiu toda nossa humanidade, mas não o pecado, havendo algo que caracteriza a humanidade que não foi assumido pelo Verbo Encarnado, o que faz com que sua humanidade não seja exatamente igual à nossa. Acontece que não se pode, em teologia cristã, situar o pecado na natureza humana. O que dizemos de Jesus como Verbo de Deus encarnado é isso: ele é uma pessoa em duas naturezas, a divina e a humana. O pecado não se inscreve na ordem da natureza, mas na ordem da pessoa que, em liberdade, faz suas opções. Por isso, o pecado não é para ser compreendido ontologicamente na natureza humana, porque ele é histórico. Não é necessário pecar para ser humano, mas eu posso reconhecer que eu pequei, e poderia não ter pecado. O pecado releva de escolhas, opções, mas não da necessidade própria da natureza. Sendo assim, dizemos que ele se fez em tudo semelhante a nós, em toda a natureza humana ele é como nós, mas não pecou porque sua história pessoal é própria dele, como de resto é própria a história de cada pessoa, de cada indivíduo. Nossa história humana, por conta das opções feitas ao longo do tempo, é marcada pelo pecado e suas consequências; escolhemos pecar, e poderíamos ter escolhido não pecar. A história de Jesus não é marcada pelo pecado, portanto, com ele começa uma nova história humana, marcada pela graça de Deus, como que em nova vida: morremos com ele para o pecado, renascemos para a vida de Deus (Rm 6,1-11). Não é esse o fundamento da teologia do Batismo?

A significação de encarnação na atualidade

A recente teologia latino-americana deu muita ênfase à realidade humana e histórica de Jesus como consequência de sua insistência na encarnação. Por sua vez, o Concílio Vaticano II não elabora exatamente uma cristologia específica, retomando simplesmente Calcedônia e permanecendo, então, em uma confissão de fé cristológica tradicional.[5] Não se pensou ser necessário o desenvolvimento de uma cristologia renovada, o que acabou sendo deixado como tarefa para o pós-Concílio, assumindo o Concílio mais a tarefa de apontar para uma renovação da teologia da revelação e, claro, da teologia da Igreja. Foi exatamente na sequência do Vaticano II e na continuação do espírito conciliar que a cristologia se renovou e o fez a ponto de tornar-se a pedra de toque da teologia latino-americana pós-conciliar. Isso aconteceu pelo trabalho da Igreja latino-americana, que passou a elaborar a própria teologia, sobretudo, a partir das perspectivas abertas pela Conferência de Medellín, em que

---

[5] A esse respeito, veja-se Antonio Manzatto, O paradigma cristológico do Vaticano II e sua incidência na cristologia latino-americana. In: Paulo Sérgio Lopes Gonçalves; Vera Ivanise Bombonatto (Org.). *Concílio Vaticano II*: análise e prospectivas. São Paulo: Paulinas, 2004. p. 207-225.

o Celam se preocupava com a aplicação dos princípios conciliares na Igreja da América Latina.[6]

Aqui, dois aspectos precisam ser lembrados, pois colaboraram de forma decisiva para essa nova postura da cristologia do continente. São, na verdade, dois princípios que se relacionam com a questão histórica e, por isso mesmo, acontecem dentro da nova perspectiva da teologia do século passado,[7] a qual foi assumida pelo Vaticano II. O primeiro deles tem relação com a valorização das questões históricas feita pelo Concílio, que provocou na Igreja uma nova elaboração teológica, menos marcada pelo essencialismo e mais pela perspectiva de processo histórico. Acontece que a teologia cristã, sobretudo a católica, no desenvolvimento do tomismo tornou-se cada vez mais essencialista, preocupada apenas com a essência das verdades, e, com isso, provocou completa des-historicização de sua reflexão. Isso correspondeu a posições eclesiais bem definidas e que permaneceram hegemônicas na Igreja durante todo o período medieval e moderno.

O Vaticano II provocou mudanças exatamente quando passou a inserir as categorias históricas na forma de

---

[6] O tema da Assembleia de Medellín foi, exatamente, A Igreja na atual transformação da América Latina à luz do Concílio.
[7] Trata-se da *nouvelle théologie*, cuja apresentação é feita por Donizete José Xavier. Nouvelle Théologie. In: João Décio Passos; Wagner Lopes Sanchez (Org.). *Dicionário do Concílio Vaticano II*. São Paulo: Paulus/Paulinas, 2015. p. 677-679.

elaboração da teologia eclesial, permitindo, no desenvolvimento do processo de recepção conciliar, o surgimento das teologias contextuais. A nascente teologia latino-americana pôde, então, perguntar-se pelo contexto específico onde se inseria e a partir daí passou a desenvolver sua reflexão.[8] Percebeu-se, como ensinava a própria ciência, que o humano é sempre contextualizado e, assim, seu conhecimento, suas possibilidades e seu desenvolvimento se inserem dentro de um conjunto de situações que denominamos de contexto sócio-histórico. Elementos de cultura, de sociedade e de educação respondem àquele contexto específico onde vive a pessoa, de maneira que o comportamento de alguém não precisa ser o mesmo de outras pessoas que vivem em diferentes lugares ou épocas, distinguindo-se de acordo com as diversas situações e realidades existenciais que se pode viver. Assim, os meios de transporte ou de comunicação que existem hoje, e são diferentes daqueles existentes na Idade Média, influenciam o comportamento das pessoas na atualidade de forma diversa do que acontecia no período medieval. Ali se privilegiava a estabilidade, enquanto hoje a velocidade das mudanças fundamenta nossa maneira de ver a vida. Ora, é assim também com

---

[8] O desenvolvimento da cristologia latino-americana pode ser percebido, por exemplo, em Jon Sobrino. *Jesus, o libertador*. São Paulo: Vozes, 1994. Uma apresentação abrangente é feita em Antonio Manzatto. Cristologia latino-americana. In: Ney de Souza (Org.). *Temas de teologia latino-americana*. São Paulo: Paulinas, 2007.

a teologia, que compreende a fé e sua prática de acordo com o contexto onde a comunidade crente se insere. Se a fé permanece a mesma, sua significação pode ser afirmada diferentemente, por exemplo, em contextos onde o cristianismo é majoritário socialmente, e então se discute sobre sua influência na organização da sociedade, ou em situações onde o cristianismo é minoritário e até mesmo perseguido, quando, então, a teologia vai enfatizar mais a questão do martírio. Na América Latina e seu contexto específico, a teologia desenvolveu forte reflexão marcada pela relevância histórica dos comportamentos cristãos e, especificamente na cristologia, privilegiou a humanidade e a historicidade de Jesus de Nazaré, Verbo Encarnado.

Tal movimento teológico coincidiu com outro momento de desenvolvimento das pesquisas cristológicas, conhecido como a terceira busca do Jesus histórico.[9] Diferentemente das buscas anteriores, em que se procurou estabelecer as possibilidades de conhecer a história e a historicidade dos eventos sobre Jesus relatados nos evangelhos, a nova busca procura conhecer a história de Jesus pela conjugação de conhecimentos proporcionados por diversas ciências. Assim, os evangelhos são assumidos como documentos históricos, mas lidos a partir de seu contexto original, testemunhado

---

[9] Para uma interessante apresentação e caracterização dessa busca, chamada *third quest*, veja-se Giuseppe Segalla. *A pesquisa do Jesus histórico*. São Paulo: Loyola, 2013.

por questões de linguística, de imagética etc. O conhecimento que dali vem é cruzado com pesquisas arqueológicas e, sobretudo, de antropologia cultural, fornecendo um quadro não apenas possível para a história de Jesus, como também narrativas a seu respeito que tenham significado. Avançou-se, muito, então, no conhecimento da apocalíptica e da formação social onde Jesus viveu para que se pudesse entender seus ensinamentos e, sobretudo, seu comportamento.

A coincidência desses dois movimentos teológicos proporcionou grande avanço para a cristologia latino-americana, que muito valorizou a historicidade de Jesus. O contexto onde viveu o Verbo encarnado fundamentava as condições de significação de seu comportamento e de seu ensinamento, de forma que o fundamental já não seria repetir os gestos ou palavras de Jesus, mas sim a significação que seus gestos e palavras provocaram no contexto onde viveu. Com isso se evitava o essencialismo de uma teologia atemporal e se reconhecia a história de Jesus como sendo a história do Verbo entre nós. Passava-se da preocupação com a imitação de Cristo para o modelo do seguimento de Jesus, de forma que sua proclamação da chegada do Reino de Deus e sua ação pela instauração de tal Reino tornou-se norteadora da prática cristã da Igreja do continente.

Dois conceitos teológicos foram desenvolvidos como consequência: a compreensão de que a encarnação significa assumir a totalidade do que seja a humanidade, inclusive, sua finitude, e a renovação do conceito de revelação a partir da realidade de humanidade. Com efeito, a revelação de Deus à humanidade acontece sempre através de características humanas, não porque talvez Deus não pudesse se revelar de outra forma, mas porque o ser humano não o compreenderia fora de sua situação de humanidade. Assim, se Deus é mais do que o ser humano pode perceber e compreender, para se revelar ao humano ele precisa assumir condições de humanidade, sem o que o humano não o compreenderia. De alguma forma já se dizia isso em teologia sempre que se afirmava que a revelação de Deus acontece na história,[10] porque sempre se vai tratar da história humana.

Depois da virada antropológica de Karl Rahner,[11] a teologia passou a pensar mais o humano que o cosmológico e, aquilo que era afirmado simplesmente como história, começou a ser compreendido como situações de humanidade. A revelação de Deus não acontece simplesmente como se fosse evidente ou transparente, mas assume as condições de humanidade no que se refere ao contexto, compreensão da situação, percepção, interpretação do acontecimento e, posteriormente, sua interpretação, explicação e anúncio. De um lado, a presença de Deus em determinado evento histórico tem de ser percebida, tratando-se

---

[10] A afirmação é clássica, como apresentada em Renold Blank. *Deus na história*. São Paulo: Paulinas, 2015.
[11] Veja-se, por exemplo, Karl Rahner. *Teologia e antropologia*. São Paulo: Paulinas, 1969.

de hermenêutica, portanto; de outro lado, ela é anunciada como acontecimento salvífico porque a revelação de Deus sempre possui essa característica de salvação: Deus se revela para salvar. E isso se dá em situações de humanidade para ser compreensível para o ser humano. Se a revelação acontece por caminhos inacessíveis ao humano, não será nunca compreendida como salvação. Nesse sentido, a pertinência cristológica da encarnação torna-se evidente.

O desenvolvimento da compreensão de encarnação torna-se importante. Ultrapassa-se o simples pensamento de que o Filho de Deus assumiu uma carne, isto é, um corpo, para perceber que esse corpo está situado na história, como todos os corpos humanos, aliás. Ser humano significa não apenas ter um corpo físico, mas ter uma cultura, uma geografia, uma datação, um contexto social no qual se perceber e se construir como pessoa. Assumir a realidade humana na encarnação significa assumir a história tal qual ela se apresenta, como processo; significa basear seu comportamento nas chaves culturais e sociais que lhe são possíveis dentro daquele determinado contexto; significa assumir a finitude e os limites daquilo que compõe a realidade humana, pois o humano não é simplesmente um conceito, mas uma pessoa com suas relações pessoais e familiares, suas crenças e convicções, seus desejos e ansiedades, seus limites e incapacidades.

Ora, quando se diz que o Verbo de Deus se fez ser humano, se diz necessariamente que ele assumiu essa condição humana. Não será difícil perceber como, na sequência, a compreensão antropológica vai se tornar chave para a elaboração teológica contemporânea, sobretudo no privilégio que se dá, em terras latino-americanas, ao contexto social vivido pelo Filho de Deus encarnado e que será referência de significação para a prática de vida dos cristãos, sobretudo no contexto latino-americano profundamente marcado pela pobreza, pela desigualdade e pela injustiça social. A cristologia da encarnação, assim, traz o concreto da história para a reflexão teológica e para a prática dos cristãos. Em cada contexto, há que assumir as condições históricas que o determinam para transformá-lo segundo a perspectiva do Reino de Deus. Assim foi com Jesus, assim a teologia latino-americana entendeu sua missão eclesial e assim a cristologia de Francisco convida a Igreja toda a se encarnar nas diversas realidades humanas para tudo transformar na perspectiva do Reino de Deus, que é preciso historicizar.

2

CRISTOLOGIA DA MISERICÓRDIA

Que a misericórdia seja um tema capital no ministério de Francisco é evidente, mas não pela quantidade de vezes que o termo aparece em seus pronunciamentos e preocupações. É mesmo seu jeito de compreender o ser de Deus e o existir cristão, de tal forma que a misericórdia é como um distintivo de quem professa sua fé em Jesus Cristo. Desde o início de seu pontificado, essa foi a marca teológica mais perceptível daquilo que ele propõe como caminho para a Igreja nos anos futuros. Destaque para a proclamação do Jubileu Extraordinário da Misericórdia, realizado ainda no início de 2015, que animou a caminhada da Igreja durante todo o ano de 2016, de maneira que a temática penetrou todas as questões eclesiais e, a partir daí, figura entre os temas mais recorrentes e as preocupações pastorais mais candentes das Igrejas de todos os continentes.

A ligação da misericórdia com a cristologia é feita pelo próprio papa em um de seus primeiros documentos, a Bula *Misericordiae vultus*; exatamente aquela que anuncia o Jubileu Extraordinário da Misericórdia. Já no início ela afirma que "Jesus Cristo é o rosto da misericórdia de Pai" (MV). Segundo o papa, a maneira histórica de a humanidade perceber a misericórdia de Deus está em Jesus, o Verbo encarnado, que nos revela o ser de Deus como misericórdia, pois é a plenitude da revelação, o próprio Deus fazendo-se presente na história humana. A perspectiva é salvífica, já que a misericórdia de Deus, segundo a revelação em Jesus, é a maneira de realizar-se a salvação da humanidade. Algumas frases de Francisco, em seus principais documentos, mostram como o tema é compreendido e como ele é apresentado como a chave de leitura e de compreensão de todo seu pontificado.

A misericórdia em Francisco

Já de início ele afirma que a fé cristã é como que sintetizada na confiança na misericórdia de Deus, tal como ela se manifesta na história de Jesus, sobretudo em seu comportamento:

> Jesus Cristo é o rosto da misericórdia do Pai. O mistério da fé cristã parece encontrar nestas palavras a sua síntese. Tal misericórdia tornou-se viva, visível e atingiu o seu clímax em Jesus de Nazaré (MV).

Por isso se entende que, na plenitude dos tempos, o Verbo se encarna para revelar à humanidade que Deus é misericórdia; esse é seu ser, seu jeito, aquilo que ele sabe e pode fazer:

Mandou o seu Filho, nascido da Virgem Maria, para nos revelar, de modo definitivo, o seu amor. Quem o vê, vê o Pai (cf. Jo 14, 9). Com a sua palavra, os seus gestos e toda a sua pessoa, Jesus de Nazaré revela a misericórdia de Deus (MV).

O alcance dessa perspectiva da misericórdia se mostra na síntese que o papa realiza entre o ser de Deus, a ação salvadora de Jesus e a prática dos cristãos, de tal forma que ela assume como que o coração do que seja o cristianismo:

> Precisamos sempre de contemplar o mistério da misericórdia. É fonte de alegria, serenidade e paz. É condição da nossa salvação. Misericórdia: é a palavra que revela o mistério da Santíssima Trindade. Misericórdia: é o ato último e supremo pelo qual Deus vem ao nosso encontro. Misericórdia: é a lei fundamental que mora no coração de cada pessoa, quando vê com olhos sinceros o irmão que encontra no caminho da vida. Misericórdia: é o caminho que une Deus e o homem, porque nos abre o coração à esperança de sermos amados para sempre, apesar da limitação do nosso pecado (MV).

No final do Jubileu Extraordinário, Francisco publicou a Carta Apostólica *Misericordia et misera*, na qual insiste na importância da misericórdia na vida dos cristãos e na prática da Igreja. Evidentemente, liga a questão da misericórdia ao perdão, mas vai além e a insere também na perspectiva do comportamento cotidiano dos cristãos, sobretudo na prática da caridade:

A misericórdia é esta ação concreta do amor que, perdoando, transforma e muda a vida. É assim que se manifesta o seu mistério divino. Deus é misericordioso [...]. Não ter trabalho nem receber um salário justo, não poder ter uma casa ou uma terra onde habitar, ser discriminados pela fé, a raça, a posição social... estas e muitas outras são condições que atentam contra a dignidade da pessoa; frente a elas, a ação misericordiosa dos cristãos responde, antes de mais nada, com a vigilância e a solidariedade [...]. O caráter social da misericórdia exige que não permaneçamos inertes mas afugentemos a indiferença e a hipocrisia para que os planos e os projetos não fiquem letra morta [...]. Somos chamados a fazer crescer uma cultura de misericórdia [...]. A cultura da misericórdia forma-se na oração assídua, na abertura dócil à ação do Espírito, na familiaridade com a vida dos Santos e na solidariedade concreta para com os pobres (MM).

Na *Evangelii Gaudium*, Francisco insiste na ligação que a compreensão de misericórdia precisa ter com a prática de cuidado para com os pobres. A misericórdia, assim, não é simples sentimento ou princípio de piedade, mas comportamento concreto que visa dar novas condições de vida àqueles que são vítimas das injustiças da sociedade.

As elaborações conceituais hão de favorecer o contato com a realidade que pretendem explicar, e não nos afastar dela. Isto vale, sobretudo, para as exortações bíblicas que convidam, com tanta determinação, ao amor fraterno, ao serviço humilde e generoso, à justiça, à misericórdia para com o pobre. Jesus ensinou-nos este caminho de reconhecimento do outro, com as suas palavras e com os seus gestos. [...] Para a Igreja, a opção pelos pobres é mais uma categoria teológica que cultural, sociológica, política ou filosófica. Deus "manifesta a sua misericórdia antes de mais" a eles (EG 194, 198).

Longe de compreender a misericórdia como uma ação de fraqueza, uma espécie de concessão ao mal, Francisco ensina que a misericórdia é ato do próprio Deus, portanto, se liga à sua natureza. Para a humanidade, ela será uma das grandes virtudes que os cristãos precisam cultivar, senão a maior. E, citando Santo Tomás, lembra que:

> A misericórdia é a maior de todas as virtudes: "Em si mesma, a misericórdia é a maior das virtudes; na realidade, compete-lhe debruçar-se sobre os outros e – o que mais conta – remediar as misérias alheias. Ora, isto é tarefa especialmente de quem é superior; é por isso que se diz que é próprio de Deus usar de misericórdia e é, sobretudo nisto, que se manifesta a sua onipotência" (EG 37).

É com base na misericórdia que ele propõe novos caminhos para a ação evangelizadora da Igreja, uma vez que a estrutura institucional não pode funcionar como uma prisão que impede iniciativas e novidades que podem provir do próprio Espírito. E cita, ainda uma vez, Santo Tomás de Aquino:

> Os preceitos adicionados posteriormente pela Igreja se devem exigir com moderação, "para não tornar pesada a vida aos fiéis" nem transformar a nossa religião numa escravidão, quando "a misericórdia de Deus quis que fosse livre" (EG 43).

Sua compreensão da misericórdia é salvífica, porque entende que é ela que nos salva, e não simplesmente as ações humanas:

> A salvação, que Deus nos oferece, é obra da sua misericórdia. Não há ação humana, por melhor que seja, que nos faça merecer tão grande dom. Por pura graça, Deus atrai-nos para nos unir a si (EG 112).

Em decorrência disso, a Igreja, em todas as suas ações, deve sempre ser manifestação da misericórdia de Deus, porque essa é mesmo a razão de sua existência, e o comportamento cristão não pode ser compreendido fora desse quadro:

> A Igreja deve ser o lugar da misericórdia gratuita, onde todos possam sentir-se acolhidos, amados, perdoados e animados a viverem segundo a vida boa do Evangelho (EG 114).

Para o papa, portanto, a misericórdia é o ser de Deus revelado por Jesus de Nazaré em seus ensinamentos e em suas ações. Ela conforma a fé da Igreja porque define a razão da confiança depositada em Deus, já que a misericórdia divina é a concretização de seu Amor. É também a misericórdia que configura a maneira de existir da Igreja, cuja razão de ser está no anúncio e na vivência da misericórdia. Nesse sentido, ela compõe a ação dos cristãos que agem, sobretudo, por misericórdia, donde a atenção para com os mais pobres. Não é de estranhar, portanto, que a misericórdia seja tema presente também na primeira encíclica social de Francisco, a *Laudato Si'*. Ali, ligando a questão da misericórdia com a teologia da criação, o papa enfocará também o cuidado com a casa comum e com os pobres como sendo uma consequência ética da confissão de fé, que reconhece toda a obra criada como manifestação da bondade, do amor, da misericórdia de Deus:

> Das obras criadas pode-se subir à sua amorosa misericórdia (LS 77).

Não é surpreendente perceber que a *Amoris Laetitia*, igualmente, se organizará em torno da compreensão de misericórdia. Nela, Francisco lembra que o fundamento da própria ação pastoral da Igreja é a misericórdia; desse modo, então, precisa ser o comportamento eclesial ante as famílias, sobretudo aquelas em situação de sofrimento:

> Sem diminuir o valor do ideal evangélico, é preciso acompanhar, com misericórdia e paciência, as possíveis etapas de crescimento das pessoas, que se vão construindo dia após dia, dando lugar à misericórdia do Senhor que nos incentiva a praticar o bem possível (AL 308).
>
> Abandonar uma família atribulada por uma morte seria uma falta de misericórdia, seria perder uma oportunidade pastoral, e tal atitude pode fechar-nos as portas para qualquer eventual ação evangelizadora (AL 253).

Não podemos esquecer que a misericórdia não é apenas o agir do Pai, mas torna-se o critério para individuar quem são os seus verdadeiros filhos. Em suma, somos chamados a viver de misericórdia, porque, primeiro, foi usada misericórdia para conosco (AL 310).

Porém, importante perceber que o comportamento pastoral de misericórdia não é apenas um conselho eventual, mas encontra seu fundamento último no ser de Deus que nos é revelado pelo comportamento de Jesus:

> Mostrando assim o verdadeiro significado da misericórdia, a qual implica a restauração da Aliança (AL 64).
>
> Ao mesmo tempo que se louva a moderação de Deus para dar tempo ao arrependimento, insiste-se no seu poder que se manifesta quando atua com misericórdia. A paciência de Deus é exercício da misericórdia de Deus para com o pecador e manifesta o verdadeiro poder (AL 91).
>
> O caminho da Igreja, desde o Concílio de Jerusalém em diante, é sempre o de Jesus: o caminho da misericórdia e da integração (AL 296).

Reconhece o papa que nem sempre a Igreja esclarece em seu agir concreto sua confiança na misericórdia de Deus, deixando de lado o aspecto testemunhal de sua fé que, no entanto, é extremamente importante nos tempos atuais:

> Pomos tantas condições à misericórdia que a esvaziamos de sentido concreto e real significado, e esta é a pior maneira de aguar o Evangelho. É verdade, por exemplo, que a misericórdia

não exclui a justiça e a verdade, mas, antes de tudo, temos de dizer que a misericórdia é a plenitude da justiça e a manifestação mais luminosa da verdade de Deus. Por isso, convém sempre considerar inadequada qualquer concepção teológica que, em última instância, ponha em dúvida a própria omnipotência de Deus e, especialmente, a sua misericórdia (AL 311).

A misericórdia permanece, sempre, o que ela é: ato gratuito do amor de Deus, não uma recompensa por bons comportamentos:

> Derramar a misericórdia de Deus sobre todas as pessoas que a pedem com coração sincero [...]. Porque a caridade verdadeira é sempre imerecida, incondicional e gratuita (AL 296).
>
> Trata-se de integrar a todos, deve-se ajudar cada um a encontrar a sua própria maneira de participar na comunidade eclesial, para que se sinta objeto de uma misericórdia imerecida, incondicional e gratuita (AL 297).

Por isso mesmo, ela é a razão da prática e da missão da Igreja:

> Uma reflexão sincera pode reforçar a confiança na misericórdia de Deus que não é negada a ninguém (AL 300).
>
> A Igreja tem a missão de anunciar a misericórdia de Deus, coração pulsante do Evangelho, que por meio dela deve chegar ao coração e à mente de cada pessoa (AL 309).

Será a misericórdia, então, o verdadeiro caminho para a santidade nos tempos atuais, tão marcados por situações que se situam no contrafluxo da ação de misericórdia. Nesse sentido, o testemunho cristão é não apenas percebido, mas compreendido e, eventualmente, combatido também.

> A misericórdia tem dois aspectos: é dar, ajudar, servir os outros, mas também perdoar, compreender (GE 80).
> Olhar e agir com misericórdia: isto é santidade (GE 82).
> O Senhor deixou-nos bem claro que a santidade não se pode compreender nem viver prescindindo destas suas exigências, porque a misericórdia é o coração pulsante do Evangelho (GE 97)

Tais elementos parecem suficientes para que se perceba a relevância que o tema da misericórdia tem, efetivamente, na espiritualidade, na teologia e no ministério do Papa Francisco. O que será preciso enfocar é como se desenvolve, então, a relação entre a cristologia e a misericórdia, ou a importância que esta tem para o desenvolvimento da compreensão da pessoa e da ação de Jesus Cristo. Se ele é o revelador de Deus e o revela como misericórdia, será preciso perceber que tal misericórdia é não apenas a expressão, mas também a concretização da ação salvadora de Jesus.

A misericórdia na cristologia

Já dissemos como a cristologia de Francisco, e toda aquela construída na América Latina e em vastos horizontes, sobretudo, a partir do Vaticano II, desenvolve-se a partir de uma perspectiva de baixo, partindo da humanidade de Jesus, para compreender sua messianidade, o Deus que ele revela e sua ação salvadora em benefício da humanidade. Trata-se de uma cristologia ascendente. Ora, levar a sério a humanidade de Jesus é, como também o dissemos, situá--lo em seu contexto histórico para dali compreender suas ações, palavras e comportamentos, que constituem, exatamente, a revelação de Deus e a ação salutar que ele realiza pela humanidade. Revelação e salvação não são conceitos abstratos que podem ser preenchidos com conteúdos cuja base não seja a existência histórica de Jesus de Nazaré, sob o risco de não se reconhecer sua pessoa nem afirmar sua messianidade. Há que considerar o comportamento de Jesus porque sua história é a história do Verbo de Deus entre nós. Jesus e o Verbo não são duas pessoas, mas uma única pessoa, como afirma Calcedônia e como já tratamos anteriormente. A questão, então, é verificar como, na história de Jesus, se manifesta a misericórdia e como se percebe sua relação com Deus e com a salvação.

Ora, na história e na prática concreta de Jesus de Nazaré nada é mais fácil de ser comprovado que sua ação de misericórdia. Ela é, nas palavras de Francisco, o coração do Evangelho e, por isso, é o centro mesmo da referência ao Reino de Deus que Jesus proclama. É fato conhecido que a noção de Reino de Deus é central na vida e no ministério de Jesus. Fundamentalmente, sua pregação não é sobre si mesmo ou sobre o ser de Deus, mas sobre o Reino; compreende sua missão e sua função como anúncio e realização do Reino, e entende Deus como Pai a partir exatamente de sua compreensão de Reino, de tal forma que o conceito de Deus, como diríamos nós, se constrói em referência ao conceito de Reino, pois trata-se do Deus do Reino. Jesus viveu pregando o Reino e por causa dele foi preso, torturado, julgado e morto; a razão histórica de sua morte se encontra na sua referência ao Reino de Deus, e é exatamente nessa mesma perspectiva que a comunidade crente compreenderá sua ressurreição: é a instauração definitiva do Reino de Deus que já pode ser experimentado aqui e agora na história, e que se plenifica em Deus, assim como a própria percepção da pessoa de Jesus, pois ele pode ser encontrado aqui e agora, mas a plenificação de tal encontro se fará na eternidade de Deus.

Pois bem, se o Reino é a referência fundamental da vida e da missão de Jesus, ele se caracteriza como sendo de misericórdia. Em primeiro lugar, por conta dos destinatários de sua pregação; em seguida, pelas exigências colocadas para o ingresso no Reino; por fim, pelos caminhos e meios pelos quais o Reino cresce já a partir de agora, na história. Assim, o conteúdo próprio do Reino de Deus é a misericórdia do Pai, capaz de acolher, de perdoar, de reconstruir e dar novas possibilidades de existência àqueles que aceitam o convite de Jesus. Por isso, o Reino é afirmado como vida nova, já que possibilita novas relações a serem estabelecidas entre as pessoas que se reconhecem filhos e filhas do mesmo pai; portanto, vivem relações de fraternidade.

Quando nos perguntamos quem são os destinatários do anúncio que Jesus realiza sobre o Reino de Deus, encontramos várias respostas. A primeira, aquela que nos vem mais ou menos pelo senso comum, dirá que o anúncio é para todos, que o convite é aberto a todos. Não deixa de ser verdade, mas essa resposta já é trabalhada teológica e pastoralmente, supõe uma elaboração e não dá evidências do critério evangélico fundamental que determina os destinatários do Reino, podendo até mesmo ocultá-lo. Outra resposta dirá que o Reino é para os bons, os que cumprem suas obrigações e estão em dia com as normas, sobretudo as religiosas. Trata-se da resposta das elites religiosas que enxergam em suas pessoas e em seus comportamentos a realização máxima daquilo que se pode pensar como exemplos de seres humanos e cristãos. Na verdade, isso é apenas afirmação de poder, o que já foi condenado pelos evangelhos, pois não basta dizer que somos filhos de Abraão (Mt 3,9), e o que também foi criticado, por exemplo, na *Gaudete et Exsultate* como neopelagianismo (GE 35). Outra resposta ainda é a que vem diretamente do texto de Lucas: "O Espírito do Senhor está sobre mim, porque ele me consagrou pela unção para evangelizar os pobres" (Lc 4,16). A sequência do texto mostra que, efetivamente, os pobres são os beneficiários da chegada do Reino de Deus, como se reiniciasse a história, semelhantemente à proposta do Ano do Jubileu (Lc 4,19). Por ser destinado aos pobres, o anúncio de Jesus é dirigido às periferias do mundo e se faz entre os esquecidos da sociedade, mostrando que os últimos deste mundo são os preferidos de Deus (Mt 20,16).

Não é de estranhar, portanto, que o Reino anunciado por Jesus tenha como referência fundamental a misericórdia de Deus. É o que transparece nitidamente na chamada parábola do filho pródigo, que se poderia chamar parábola do pai misericordioso (Lc 15,11-32), pois, depois de o filho retornar para casa depois de ter gastado os bens da família e ver esgotadas todas suas outras possibilidades de vida, o pai o acolhe sem perguntas e sem condições. Também a mulher pega em pecado encontra em Jesus uma palavra de misericórdia e de possibilidade de vida: "Nem eu te condeno, vai e de agora em diante não peques mais" (Jo 8,11). Tais parábolas, reconhecidas como de misericórdia, proclamam o perdão de Deus ao anunciar que o Reino está destinado não exatamente aos cumpridores dos princípios religiosos, mas sim àqueles a quem a religião excluía das possibilidades de salvação. É o que transparece na chamada parábola do bom samaritano (Lc 10,25-37), em que Jesus aponta como comportamento exemplar exatamente aquele de um excluído da religião, e ainda na palavra dura de Jesus dirigida aos líderes religiosos (Mt 21,31), que, por excluírem tantos da possibilidade de acesso a Deus, são apresentados como praticantes da injustiça (Lc 13,27). Também os doentes eram vistos como pecadores e, por isso, excluídos da possibilidade de relação com Deus e pertença à comunidade. Ao curá-los, Jesus os reintegrava à sociedade e ao reconhecimento de sua dignidade humana. Dirigindo-se, portanto, aos excluídos do sistema religioso, Jesus era sempre movido por compaixão (Mt 9,36), respondendo aos apelos de misericórdia que lhe faziam os sofredores de todos os tipos (Mc 10,46-52; Mt 8,5-13; Mc 1,40-41).

O acolhimento aos pecadores e doentes representa a negação de um sistema religioso excludente e a proclamação de uma nova maneira de se organizarem as relações humanas com base na fraternidade, já que todos os seres humanos são iguais porque são irmãos (Mt 23,8). O reconhecimento da dignidade dos estrangeiros (Mc 7,24-30; Mt 8,5-13; Jo 4) representa a negação de um sistema social baseado na exclusão de fartas camadas da população que vivia sob o domínio do império romano, que apenas reconhecia direitos a seus cidadãos. O cuidado para com os desprovidos de riquezas (Mt 25,31-46; Lc 9,13) e as críticas àqueles que tudo submetem aos recursos financeiros e aos bens econômicos (Mt 6,24; 19,22-23) representam a negação de um sistema econômico de exploração e de uma política de força (Lc 13,31-35), indicando uma nova maneira de organizar a sociedade (Jo 18,36), cuja base é a misericórdia de Deus (Mt 5,3-12), que gera a igualdade fundamental entre todos os seres humanos.

O Reino assim anunciado por Jesus não pode ser aceito pelas autoridades, pelos senhores do sistema religioso, do sistema social ou do sistema econômico (Jo 1,11). O que se recusa não é a terminologia, mas o conteúdo; por isso a decisão de eliminar Jesus, a fim de que o sistema permaneça o mesmo. Uniram-se, então, os líderes religiosos e as autoridades políticas, por mais inimigos que fossem, para acabar com aquele perigo, matando Jesus e sufocando o movimento que ele iniciara. As razões históricas da morte de Jesus estão bem definidas, e o que a comunidade crente fará, na sequência, será uma releitura de sua significação a partir da experiência do Ressuscitado. Afinal, a ressurreição de Jesus, proclamada depois de sua morte, não apenas traz nova luz para que se compreenda a tragédia de sua execução mas também permite uma ressignificação de toda a história de Jesus de Nazaré. Ele, o Messias que proclamou o Reino, deu sua vida para que toda a humanidade, a começar pelos últimos, possa dele participar. Sua ressurreição mostra que sua vida e seu ministério foram aceitos por Deus, e o Reino foi instaurado porque Jesus está vivo. Ele vive não para dizer ou fazer outras coisas, mas para tomar posse do Reino que já está instaurado e convida à sua participação (At 2,42-47), sobretudo aqueles que são seus primeiros destinatários, os pobres e os excluídos.

A participação no Reino é obra da total e plena gratuidade de Deus. Oferecido aos pobres, o Reino não exige contrapartida. É dom e é graça; por isso mesmo não se pode pensar em merecimento para dele participar. Pobres e excluídos não podem oferecer nada em troca, e, portanto, as parábolas que falam do Reino apresentam essa dimensão de gratuidade como lhe sendo inerente (Lc 14,13; Mt 22,9). Não se compra um lugar no Reino nem com riqueza nem com bons comportamentos, como lembra Francisco ainda na *Gaudete et Exsultate* (35-62). Há uma clara ligação entre a compreensão do Reino de Deus como destinada aos pobres e a misericórdia, porque esta é a única maneira de os pobres terem acesso a ele: a misericórdia de Deus salva.

O que se pratica como ação humana não é visto como condição para participação do Reino, mas como consequência da decisão humana de aceitar dele participar. O Reino vai crescendo historicamente também pela ação humana, ainda que não se saiba exatamente como (Mc 4,27), porque fundamentalmente se trata do Reino de Deus. Quando se aceita o convite para viver novas relações humanas, que valorizem não as coisas ou os privilégios, mas as pessoas pelo simples fato de serem pessoas; quando são acolhidos e cuidados os últimos da sociedade e se lhes dá novas possibilidades de existência; quando a preocupação com a justiça social norteia as decisões e os comportamentos públicos; quando a ética da fraternidade e do respeito aos outros se traduz em comportamento cotidiano; quando as referências religiosas não querem mais afirmar os privilégios dos grandes, mas a preferência aos pequenos e fracos; quando transformamos tudo isso em nosso jeito de ser como pessoas e como comunidades, não o fazemos para merecer o Reino ou para poder nele entrar. Assim nos comportamos porque já dele participamos e o espalhamos pelo mundo afora para que continue a crescer. E dele participamos não porque merecemos, mas porque a misericórdia de Deus nos alcançou e nos tornou capazes de nova humanidade.

É importante aqui pensar a questão soteriológica. É verdade que o conceito de salvação não é unívoco e sofreu alterações no tempo e também segundo a variedade de culturas. A maneira de compreender o que seja a salvação, o modo de preencher o conceito, transformou-se quanto ao vocabulário e também semanticamente. São muitas as palavras que usamos para falar de salvação: redenção, justificação, perdão, libertação, bem como céu, vida eterna e outras ainda. É verdade que elas não significam todas a mesma coisa, mas todas remetem à compreensão de salvação sob algum aspecto. A pluralidade de significações não é nova; vem já das primeiras comunidades cristãs, onde a salvação foi compreendida como Reino de Deus nos sinóticos, vida eterna em João, justificação em Paulo, dom do Espírito em Lucas, e assim por diante. A riqueza de conteúdos indica, de um lado, a complexidade do conceito que se refere à completude, totalidade e plenificação do humano; e, de outro lado, indica a riqueza de percepções que o anúncio cristão traz para cada cultura que relaciona o conceito com seus ideais e sua forma de encarar a realização humana.

Faz parte da tradição eclesial a confissão de fé que proclama Jesus como salvador; uma proclamação bastante antiga, aliás. Confessamos mesmo que ele é o mediador universal de salvação, o que significa que a salvação de tudo e de todos acontece através de Jesus. Isso já causou, em outros tempos, problemas no que se refere à maneira de enxergar as outras religiões. Houve tempos em que o cristianismo foi visto como uma espécie de evolução do comportamento religioso humano, com as outras religiões funcionando como etapas nessa evolução ou como formas de preparar o anúncio da verdadeira e única religião, a cristã. Houve tempos também em que o cristianismo enxergou as outras religiões como distantes da verdade; por isso, simplesmente lhes foi dito que eram erradas, estando a religião cristã como a única possuidora da verdade. Houve tempos ainda em que as outras religiões foram consideradas inimigas a serem derrotadas e, portanto, se lhes moveu combate sem tréguas. Houve tempos, inclusive, em que a Igreja se afirmou como a portadora da única e verdadeira religião, estando as outras igrejas, mesmo sendo cristãs, fora da perspectiva de salvação.[1]

Em momentos da história, as religiões se sucederam no tempo, sendo imposta a todos a religião dos povos vencedores; em certas ocasiões, diversas religiões coexistiam ao mesmo tempo, mas em lugares geográficos diferentes e distantes. Hoje estamos em outra conjuntura histórica, na qual diferentes religiões convivem no mesmo espaço e ao mesmo tempo, o que provoca a necessidade de elas se relacionarem e, de certa forma, dialogarem. Conhecemos, então, avanços no diálogo ecumênico e inter-religioso, o que tem contribuído para que as religiões se vejam como promotoras da paz e da convivência, e não mais de violência, combate ou guerras. Permanece, porém, a convicção cristã de que o Cristo realiza a mediação universal de salvação sem que isso signifique a necessidade da confissão de fé cristã de cada pessoa. Ou seja, o Cristo continua salvando

---

[1] É conhecido o adágio *Extra ecclesiam nula salus*, "Fora da Igreja não há salvação", que, atualmente, se encontra em desuso, mas que em outros tempos teve sua importância.

toda a humanidade, mesmo que não se exija que cada pessoa deposite nele sua fé.

Sabemos hoje da relação intrínseca que existe entre religião e cultura,[2] de forma que alterações no campo religioso provocam transformações no edifício cultural dos povos. Sabemos, também, que o anúncio cristão precisa respeitar a diversidade de culturas que existe no mundo, pois elas significam a identidade de cada povo. O anúncio missionário não se coaduna com a imposição de uma cultura sobre outra, sabemos disso atualmente. O próprio papa lembra que "A mensagem, que anunciamos, sempre apresenta alguma roupagem cultural, mas às vezes, na Igreja, caímos na vaidosa sacralização da própria cultura, o que pode mostrar mais fanatismo do que autêntico ardor evangelizador" (EG 117); reconhecendo que "o Cristianismo não dispõe de um único modelo cultural" (EG 116), pois "uma única cultura não esgota o mistério da redenção de Cristo" (EG 118). A Igreja é Povo de Deus, ensina a *Lumen Gentium*, mas "Este Povo de Deus encarna-se nos povos da Terra, cada um dos quais tem a sua cultura própria" (EG 115). Por isso, o anúncio missionário não procede por proselitismo, como lembrava Bento XVI,[3] mas proclama a realidade da salva-

---

[2] A esse respeito pode ser consultado, com muito proveito, João Décio Passos; Frank Usarski (Org.). *Compêndio de Ciência da Religião*. São Paulo: Paulinas/Paulus, 2013.

[3] Bento XVI, *Homilia* na Eucaristia de inauguração da V Conferência Geral do Episcopado Latino-americano, em 13 de maio de 2007, como consta no *Documento de Aparecida*, 159.

ção em Jesus, mesmo que isso não exija a explícita confissão de fé de todas as pessoas.

A razão disso é evidente e decorre da própria compreensão da ação salvadora de Deus em Jesus: não somos salvos por mérito, mas por graça. A salvação nos é dada como ato misericordioso de Deus, não apenas no sentido do perdão que nos é oferecido, mas na motivação do próprio ato divino: Deus nos salva por amor, por misericórdia. É assim que Jesus apresenta a salvação, por exemplo, na chamada parábola dos trabalhadores da última hora (Mt 20,1-6), que bem poderia chamar-se parábola do empregador misericordioso, pois sua generosidade tem como motivação a misericórdia. O ato salvador de Deus não é meramente jurídico, formal ou ritual, como se fosse ato de burocracia ou ritualidade, ainda que religiosa. Há, digamos assim, uma interioridade envolvida, aquela do Deus que se comove até suas entranhas (Jr 31,20) e não hesita em assumir as situações mais inesperadas, como a da própria morte do Filho, para realizar a salvação da humanidade. Por isso, o Reino de Deus, símbolo maior daquilo que Deus propõe como plenificação de salvação da humanidade, não é apenas expressão, mas dom da misericórdia divina.

Jesus não apenas afirma mas mostra por seu comportamento que Deus salva por misericórdia. Ele acolhe os pecadores, inclusive, tomando refeição com eles (Mt 9,11;

Lc 5,29-32); perdoa (Jo 8,10-11; Mc 2,5); cura os doentes e sofredores (Lc 17,11-19); acolhe os estrangeiros (Mt 8,5-17); e rejeita apenas os comportamentos arrogantes do farisaísmo militante (Lc 18,9-14; Mt 3,9), daqueles que pensam alcançar a salvação por méritos próprios (Mt 6,7; Lc 17,10; 18,12). Compreende bem que o que Deus faz e o que ele espera que seja feito por aqueles que nele confiam são ações de misericórdia (Mt 9,13; 5,7). Deus não salva por obrigação, por recompensa, por egoísmo ou por simples burocracia. Deus salva por amor em ato de misericórdia e, por isso, espera que a humanidade responda a essa salvação não apenas em atitudes de gratidão, expressas através de comportamentos e ritualismos exclusivamente religiosos, mas em atos que reproduzam a mesma ação de misericórdia: "Sede misericordiosos como vosso Pai é misericordioso" (Lc 6,36).

Cumprir a vontade de Deus não será, então, esgotada no cumprimento de normas religiosas ou prescrições legais (Mt 7,21), mas se realizará em ações que espalham a misericórdia divina porque a reproduzem (Mt 18,23-35). A misericórdia, assim, é o caminho escolhido por Deus para realizar a salvação da humanidade, mas será também o caminho que testemunhará no mundo a salvação acontecendo através dos atos de misericórdia realizados por aqueles que creem. Aí aparece a vida nova trazida por Deus para realizar-se já na história humana, uma vez que o ato salvífico de Deus produz um novo comportamento humano, não por obrigação, ainda que ética, mas por misericórdia. Nesse sentido, a ação humana misericordiosa não se constitui em mérito com vistas à salvação, mas como consequência do ato salvador de Deus que gera no humano novas relações, novos comportamentos. Inseridos na vida nova de Deus, que brota da ressurreição de Jesus, o humano é capaz de ações de misericórdia para com seus semelhantes. A misericórdia é maneira e caminho para fazer com que a salvação atinja toda a humanidade e se faça presente já em nossa história.

Salvando por misericórdia, Deus revela seu ser. Ou, para dizer de outra forma, Jesus nos revela, por seu comportamento e por sua ação de salvação em benefício de toda a humanidade, que Deus é misericórdia. Não apenas que ele usa de misericórdia como um de seus comportamentos, mas que ele é misericórdia, como parte de seu ser, de sua natureza. Assim como João ensina que Deus é Amor (1Jo 4,16), e não que simplesmente ele tenha comportamentos de amor, também podemos dizer da misericórdia de Deus ou, de outra forma, que o amor de Deus é sua misericórdia. Deus não se revela à humanidade para afirmar seu poder, para mostrar-se superior ou simplesmente para satisfazer à curiosidade humana.

Em teologia, o conhecimento de Deus supõe a revelação, não sendo ele acessível simplesmente por racionalidade humana, já que Deus não é a conclusão de algum silogismo. Deus não é criação humana para suprir suas fraquezas ou para cumprir necessidades ideológicas, o que não seria mais que simples idolatria. Deus pode ser conhecido pela humanidade, e para isso contribui também a razão,[4] porque ele se revela e é necessário que tal revelação seja compreendida. Por isso Deus não é precedido por nossos conceitos ou preconceitos, sejam de ordem filosófica ou outra, mas mostra quem ele é. Por outro lado, como já dito, para ser compreendido pela humanidade Deus se revela em situações humanas, com características de humanidade. A revelação é sua automanifestação que não acontece fora das condições de conhecimento humano, e, pois, se dá na história. No entanto, Deus não se revela para ser conhecido simplesmente, mas sim por misericórdia, ou seja, ele se revela salvando e, por essa razão, a salvação é sua revelação. Uma e outra acontecem em Jesus, que é o salvador da humanidade e o revelador de Deus e do humano.

Nunca é demais lembrar que Jesus, que a fé confessa como Deus encarnado, é a plenitude da revelação divina. Depois de mostrar sua face em Jesus, Deus não precisa mostrar mais nada de si na história humana. Isso significa, então, que nossas ideias de Deus, aquilo que pensamos

---

[4] São os princípios próprios da teologia fundamental, como pode ser visto em João Batista Libânio. *Introdução à teologia fundamental*. São Paulo: Paulus, 2014.

a respeito dele, precisam provir de Jesus ou serem por ele confirmadas. Não é simplesmente no divino que os cristãos creem, mas no Deus de Jesus, isto é, no Deus que ele revela através de seus ensinamentos e comportamentos. Assim, os comportamentos de Jesus, já referidos como de misericórdia, caracterizam o ser de Deus. Jesus age com misericórdia porque Deus é misericórdia, e vice-versa. Olhando para Jesus, vemos a Deus (Jo 14,9) e compreendemos como ele é cheio de misericórdia, de tal maneira que a misericórdia é, ao mesmo tempo, o coração do Evangelho e o próprio ser de Deus. Jesus nos revela que Deus é Pai, mas não autoritário, governante, justiceiro ou vingativo, como muitos gostavam, e ainda gostam, de pensar. Deus é Pai amoroso, próximo, parceiro, misericordioso.

Já dissemos que afirmar Deus como misericórdia não significa diminuí-lo, tirando-lhe poder ou afirmando nele algum tipo de fraqueza ou debilidade, mas significa reconhecê-lo como ele próprio se revelou. Sua característica de onipotência se dá por sua misericórdia, de tal maneira que, em linguagem simples, não diríamos que Deus pode qualquer coisa, mas que ele pode tudo aquilo que o Amor pode. Sua onipotência é seu Amor e, por isso, sua misericórdia.[5] Por outro lado, dizemos que Jesus é revelador do humano já que, ressuscitado, ele é o humano plenificado.

---

[5] Cf. Walter Kasper. *A misericórdia, condição fundamental do Evangelho e chave da vida cristã*. São Paulo: Loyola, 2015.

Assim, não somos nós a medida de humanidade de Jesus simplesmente, mas ele é a medida de nossa humanidade porque com ele podemos nos assemelhar. Ora, suas ações de misericórdia mostram que o humano se realiza no comportamento misericordioso. Somos mais humanos à medida que nos tornamos mais misericordiosos. A misericórdia, também para o humano, não é afirmação de debilidade ou de fraqueza, mas da possibilidade de realizar-se como pessoa na concretização de suas potencialidades. Dito de outra forma, a misericórdia nos salva porque Deus age com misericórdia para conosco e, conforme agimos com misericórdia para com nossos semelhantes, nos tornamos mais humanos e somos salvos do mal, do pecado, do egoísmo e da solidão, porque acolhidos na vida divina, que é misericórdia.

Quando olhamos para Jesus, percebemos em sua vida a misericórdia para com os fracos, sofredores, pecadores, pobres e excluídos. A misericórdia, assim, não é simples disposição do coração e não se manifesta exclusivamente através do perdão. Ela, para ser verdadeira, se torna ação concreta em benefício dos que sofrem, dos que precisam mais do que nós, dos excluídos. Aqui a noção de pobre é capital, tanto no que se refere à opção preferencial pelos pobres quanto às ações de misericórdia que devem povoar o comportamento dos cristãos. Os pobres não são apenas os desprovidos de bens econômicos; são também eles, assim como outros, sofredores de nosso mundo contemporâneo.

O *Documento de Aparecida* falava de alguns rostos sofredores: as comunidades indígenas e afro-americanas, mulheres excluídas, jovens sem acesso à educação, pobres, desempregados, migrantes, deslocados, agricultores sem-terra, os que sobrevivem na economia informal, crianças prostituídas ou vítimas de aborto, pessoas e famílias na miséria, dependentes químicos, doentes sobretudo os acometidos por graves enfermidades como malária, tuberculose, aids, os portadores de limitações físicas, os solitários, as vítimas da violência de todos os tipos, os idosos, os presos, enfim, os excluídos de todos os tipos, vítimas da atual forma de organização social.[6] Estes são os pobres, em favor de quem deve ser manifestada a misericórdia cristã.

Tal misericórdia precisa assumir formas concretas de historicização. Algo precisa ser feito por eles, tanto do ponto de vista da assistência imediata e urgente quanto em perspectivas transformadoras que permitam que não sejam, no futuro, ainda vítimas de organização social injusta. Os pobres não precisam de discursos ou de teorias a respeito de sua situação, mas de soluções concretas para suas vidas. O papa já lembrava disso quando dizia, em perspectiva de busca de santidade:

---

[6] DAp 65. Ainda que o *Documento de Puebla* já houvesse falado de alguns rostos sofredores (DP 32-39), Aparecida amplia e atualiza a relação dos excluídos.

Não posso deixar de lembrar a questão que se colocava São Tomás de Aquino ao interrogar-se quais são as nossas ações maiores, quais são as obras exteriores que manifestam melhor o nosso amor a Deus. Responde sem hesitar que, mais do que os atos de culto, são as obras de misericórdia para com o próximo [...]. Por isso a misericórdia, pela qual socorremos as carências alheias, ao favorecer mais diretamente a utilidade do próximo, é o sacrifício que mais lhe agrada (GE 106).

CONCLUSÃO: CRISTOLOGIA NA PERSPECTIVA DOS POBRES

A cristologia de Francisco é atual, contemporânea e herdeira dos ensinamentos conciliares. Por isso, não é uma cristologia essencialista, mas histórica, e ainda que ele não se refira constantemente à figura do Jesus histórico, sua cristologia é ascendente. Trata-se de uma cristologia de baixo e de salvação, dois elementos-chave na sua elaboração teológica sobre a pessoa e a ação de Jesus, na qual se situa a importância capital da encarnação: o Verbo de Deus assumiu todas as realidades humanas e as vivenciou como sua história. Segue-se que para o comportamento cristão, para os caminhos que a Igreja deve seguir, será preciso encarnar-se, ou seja, assumir as realidades históricas do mundo em seus múltiplos desdobramentos: de formação pessoal, de crescimento de consciência, de relações familiares e sociais, de estruturas de cultura e sociedade onde o humano vive, de economia, de política, de meio ambiente. Nada do que é humano é estranho ao anúncio do Evangelho, porque Jesus assumiu todas as realidades humanas e as afirmou na perspectiva de Reino de Deus. A Igreja faz como Jesus fez, mergulha na realidade humana e, iluminada pela realidade do Reino de Deus, continua anunciando à humanidade a proposta salvadora de Deus em Jesus.

A cristologia de Francisco é de salvação, porque sua ênfase é na misericórdia. Bem compreendida, a misericórdia não é apenas condoer-se diante da realidade do outro, mas, a partir daí, perceber e construir formas de diminuir ou mesmo superar tal sofrimento. Por essa razão, a salvação não pode ser vista de forma individualista, como se tocasse apenas as realidades individuais. O cristianismo é eminentemente coletivo, visa formar comunidades, afirma a importância de se criarem relações fraternas entre as pessoas. A salvação corresponde ao projeto de Deus, que quis formar um povo (LG 9), e não simples soma de indivíduos. A ideia de povo supõe relações, para onde nos impele o novo mandamento deixado por Jesus: "Amai-vos uns aos outros" (Jo 13,34). A realidade do amor não é sentimentalismo, mas sair de si, superar o individualismo para estabelecer relações, fraternidade. É o que salva a humanidade, o que nos torna ainda capazes de sermos humanos.

Tal perspectiva não é nova, vem também do início da Igreja. Jesus pregou o Reino de Deus e o instaurou por sua ressurreição. Entendendo que Reino não é simplesmente um lugar, mas uma maneira de viver, seus apóstolos falavam não diretamente do Reino, mas do Messias Jesus que o instaurava e possibilitava nele viver desde agora. Por isso, formaram comunidades que se reuniam não apenas para a oração, mas para a convivência (At 2,42-46). As comunidades, na verdade, foram a maneira que os apóstolos encontraram para historicizar o Reino de Deus, e, em razão disso, toda sua estruturação, o estabelecimento de ministérios, a forma de se reunir e tudo mais remetem à convivência fraterna. O que se evitava era, exatamente, o individualismo (At 5,1-10; 8,18-23). A partilha de bens existia não apenas como formalidade, mas como maneira de viver de quem enfrentava dificuldades. As primeiras comunidades cristãs eram pobres e formadas por pobres. Jesus fez sua pregação no meio dos pobres, nas periferias da vida; os apóstolos formaram comunidades no meio dos pobres, não dos poderosos. Os primeiros cristãos eram pobres, a chamada ralé do império romano, os excluídos das benesses da sociedade. Esses pobres enxergaram na forma de vida vivida por Jesus um caminho para sua salvação. Mais ainda, sabiam que não tinham nada, que não podiam nada e que não valiam nada. Apenas a misericórdia de Deus poderia salvá-los e velar por eles. Aprenderam a confiar no Deus dos pobres, aquele revelado por Jesus e que lhes ensinava a viver em partilha de vida.

Com o passar do tempo e por conta de inúmeros fatores históricos, a Igreja acabou por tomar certa distância do mundo dos pobres. Não se afastou completamente deles porque sempre houve quem, em seu meio, continuasse testemunhando o amor preferencial de Deus pelos últimos da sociedade. Do ponto de vista institucional, ainda se estabeleceram serviços de atendimento aos pobres, como a distribuição de esmolas, o cuidado com os doentes, inclusive a mendicância para assisti-los. Porém, do ponto de vista social, os agentes de Igreja trataram de se comportar como príncipes e não como iguais aos últimos da sociedade. Recentemente, e não sem sofrimento, a Igreja latino-americana reencontrou o mundo dos pobres e ao lado deles trilhou seu caminho de libertação. Estar com os pobres é ser solidário a eles, acompanhá-los em seus caminhos e suas lutas, e também desenvolver ações que visem ajudá-los a enfrentar as dificuldades da vida, seja do ponto de vista emergencial, seja do ponto de vista estrutural. A ampliação de horizontes de sofrimento faz com que, atualmente, se perceba a realidade de tantos excluídos, deixados à margem da vida. Pois uma cristologia histórica e de salvação impele a Igreja em direção a eles, ao seu encontro.

É o que faz o Papa Francisco, e isso fica bem evidente em sua constante preocupação com a realidade dos pobres e com as maneiras que a Igreja pode encontrar para diminuir-lhes a exclusão e o sofrimento e inseri-los, com todos os direitos, no convívio social. Em muitos momentos a preocupação de Francisco com a realidade dos sofredores ocupou os noticiários: seus contínuos pedidos em favor dos migrantes, sua aproximação dos movimentos sociais, suas visitas a doentes, idosos e clínicas de recuperação, sua atenção para com presos e populações vítimas de violência e outras tragédias; tantas situações em que Francisco tornou a Igreja presente junto aos pobres e sofredores. Mostrou assim como, efetivamente, pensa uma Igreja em saída, porque é saindo de sua autorreferencialidade que ela pode encontrar o mundo dos pobres. Por isso, ele foi criticado e, sem ceder às críticas, lembrou aos príncipes da Igreja que seu lugar não é junto à nobreza, mas junto aos pobres, porque esse é o Evangelho de Jesus, que proclama a misericórdia de Deus.

Seu projeto de pontificado propõe diretrizes para a Igreja nos próximos anos, com base no Concílio Vaticano II. Um desses pontos é o cuidado com os pobres:

> Aqui escolhi propor algumas diretrizes que possam encorajar e orientar, em toda a Igreja, uma nova etapa evangelizadora, cheia de ardor e dinamismo. Neste quadro e com base na doutrina da Constituição dogmática *Lumen gentium*, decidi, entre outros temas, me deter amplamente sobre as seguintes questões: [...] A inclusão social dos pobres (EG 17).

A base para o cuidado para com os pobres é o Evangelho:

> Mas a quem deveria privilegiar? Quando se lê o Evangelho, encontramos uma orientação muito clara: não tanto aos amigos e vizinhos ricos, mas sobretudo aos pobres e aos doentes, àqueles que muitas vezes são desprezados e esquecidos. [...] Hoje e sempre, os pobres são os destinatários privilegiados do Evangelho [...]. Há que afirmar sem rodeios que existe um vínculo indissolúvel entre a nossa fé e os pobres (EG 48).

A vinculação entre cristologia e o cuidado com os pobres, que Bento XVI já proclamara como implícita à fé cristológica, fica evidente nos dizeres de Francisco:

> Deriva da nossa fé em Cristo, que se fez pobre e sempre se aproximou dos pobres e marginalizados, a preocupação pelo desenvolvimento integral dos mais abandonados da sociedade (EG 186).

Porém, a atenção aos mais pobres, que precisa ser de assistência, não se resume a isso, mas atinge as dimensões estruturais da sociedade, quando se fala de sua libertação e integração no convívio social:

> Cada cristão e cada comunidade são chamados a ser instrumentos de Deus ao serviço da libertação e promoção dos pobres, para que possam integrar-se plenamente na sociedade (EG 187).
>
> Nesta linha pode-se entender o pedido de Jesus aos seus discípulos: "Dai-lhes vós mesmos de comer" (Mc 6,37), que envolve tanto a cooperação para resolver as causas estruturais da pobreza e promover o desenvolvimento integral dos pobres, como os gestos mais simples e diários de solidariedade para com as misérias muito concretas que encontramos (EG 188).

As palavras de Francisco remetem ao contexto contemporâneo, fazendo a atualização da proximidade para com os pobres como critério de fidelidade ao Evangelho:

> Quando São Paulo foi ter com os Apóstolos a Jerusalém para discernir "se estava a correr ou tinha corrido em vão" (Gl 2,2),

o critério-chave de autenticidade que lhe indicaram foi que não se esquecesse dos pobres (cf. Gl 2,10). Este critério importante para que as comunidades paulinas não se deixassem arrastar pelo estilo de vida individualista dos pagãos tem uma grande atualidade no contexto atual, em que tende a desenvolver-se um novo paganismo individualista (EG 195).

Aparece, então, a afirmação da opção preferencial pelos pobres com raízes e motivação teológica:

> No coração de Deus, ocupam lugar preferencial os pobres, tanto que até ele mesmo "se fez pobre" (2Cor 8,9) (EG 197).
>
> Para a Igreja, a opção pelos pobres é mais uma categoria teológica que cultural, sociológica, política ou filosófica. Deus "manifesta a sua misericórdia antes de mais" a eles. [...]. Inspirada por tal preferência, a Igreja fez uma *opção pelos pobres*, entendida como uma "forma especial de primado na prática da caridade cristã, testemunhada por toda a tradição da Igreja". [...] Por isso, desejo uma Igreja pobre para os pobres (EG 198).
>
> Quando amado, o pobre é estimado como de alto valor, e isto diferencia a autêntica opção pelos pobres de qualquer ideologia, de qualquer tentativa de utilizar os pobres ao serviço de interesses pessoais ou políticos [...]. Sem a opção preferencial pelos pobres, "o anúncio do Evangelho – e este anúncio é a primeira caridade – corre o risco de não ser compreendido ou de afogar-se naquele mar de palavras que a atual sociedade da comunicação diariamente nos apresenta" (EG 199).

Não existe possibilidade de prática cristã que não leve a sério a opção pelos pobres e o trabalho para sua inclusão na sociedade:

Ninguém pode sentir-se demitido da preocupação pelos pobres e pela justiça social: "A conversão espiritual, a intensidade do amor a Deus e ao próximo, o zelo pela justiça e pela paz, o sentido evangélico dos pobres e da pobreza são exigidos a todos" (EG 201).

A necessidade de resolver as causas estruturais da pobreza não pode esperar [...]. Enquanto não forem radicalmente solucionados os problemas dos pobres, renunciando à autonomia absoluta dos mercados e da especulação financeira e atacando as causas estruturais da desigualdade social, não se resolverão os problemas do mundo e, em definitivo, problema algum. A desigualdade é a raiz dos males sociais (EG 202).

A dimensão política do cuidado com os pobres não é negligenciada:

Rezo ao Senhor para que nos conceda mais políticos, que tenham verdadeiramente a peito a sociedade, o povo, a vida dos pobres (EG 205).

Qualquer comunidade da Igreja, na medida em que pretender subsistir tranquila, sem se ocupar criativamente nem cooperar de forma eficaz para que os pobres vivam com dignidade e haja a inclusão de todos, correrá também o risco da sua dissolução, mesmo que fale de temas sociais ou critique os Governos (EG 207).

As reivindicações sociais, que têm a ver com a distribuição dos rendimentos, a inclusão social dos pobres e os direitos humanos não podem ser sufocados com o pretexto de construir um consenso de escritório ou uma paz efêmera para uma minoria feliz (EG 218).

Efetivamente, a vida cristã se desenvolve, em todos os seus aspectos, na referência a Jesus e a seu comportamento, a sua prática. Poderíamos dizer:

> Toda a vida de Jesus, a sua forma de tratar os pobres, os seus gestos, a sua coerência, a sua generosidade simples e quotidiana e, finalmente, a sua total entrega, tudo é precioso e fala à nossa vida pessoal (EG 265).

Os outros textos papais trazem a mesma perspectiva:

> É um sério aviso para as famílias que se fecham na própria comodidade e se isolam e, de modo especial, para as famílias que ficam indiferentes aos sofrimentos das famílias pobres e mais necessitadas. Quando os comungantes se mostram relutantes em deixar-se impelir a um compromisso a favor dos pobres e atribulados ou consentem diferentes formas de divisão, desprezo e injustiça, recebem indignamente a Eucaristia (AL 186).

Liga a questão teológica da opção pelos pobres e a ação prática do compromisso cristão em sua defesa com a perspectiva de santidade, no modelo de Francisco de Assis:

> Acho que Francisco é o exemplo por excelência do cuidado pelo que é frágil [...]. Manifestou uma atenção particular pela criação de Deus e pelos mais pobres e abandonados [...]. Nele se nota até que ponto são inseparáveis a preocupação pela natureza e a justiça para com os pobres (LS 10).
> Igualmente sagrada é a vida dos pobres que já nasceram e se debatem na miséria, no abandono, na exclusão, no tráfico de pessoas, na eutanásia encoberta de doentes e idosos privados

de cuidados, nas novas formas de escravatura, e em todas as formas de descarte (GE 101).

Desta forma, chama-nos a compartilhar a vida dos mais necessitados, a vida que levaram os Apóstolos e, em última análise, a configurar-nos a Jesus, que, sendo rico, se fez pobre (GE 70).

Na perspectiva da misericórdia, o cuidado com os pobres torna-se, mais do que nunca, evidente:

> Os sinais que realiza, sobretudo para com os pecadores, as pessoas pobres, marginalizadas, doentes e atribuladas, decorrem sob o signo da misericórdia. [...] os pobres são os privilegiados da misericórdia divina (MV).
>
> O mundo continua a gerar novas formas de pobreza espiritual e material, que comprometem a dignidade das pessoas [...]. A cultura da misericórdia forma-se na oração assídua, na abertura dócil à ação do Espírito, na familiaridade com a vida dos Santos e na solidariedade concreta para com os pobres [...]. O Dia Mundial dos Pobres [...] será um Dia que vai ajudar as comunidades e cada batizado a refletir como a pobreza está no âmago do Evangelho e tomar consciência de que não poderá haver justiça nem paz social enquanto Lázaro jazer à porta da nossa casa (MM).

Poderíamos continuar as citações indefinidamente, tal a importância que os pobres assumem no ministério de Francisco; na verdade, é a dimensão central de seu pontificado. Destacamos que tal importância não se deve a simples posicionamento político ou estratégico, mas à convicção de que a preocupação com os pobres é central na pregação de Jesus, que anuncia e inaugura o Reino de Deus. Não se pensa a realidade do Reino de Deus fora da perspectiva do privilégio dos pobres. A opção pelos pobres liga-se à cristologia, como já assinalara Bento XVI: "A opção preferencial pelos pobres está implícita na fé cristológica naquele Deus que se fez pobre por nós, para nos enriquecer com sua pobreza".[1]

Na perspectiva de Francisco, a cristologia é sempre histórica e de salvação, aliás, como também acontece no pensamento teológico latino-americano. Em perspectiva histórica, deve ser compreendida a encarnação do Verbo de Deus porque, ao tornar-se humano, ele penetra a história em suas contingências e limites. Por isso mesmo, em perspectiva de salvação, se compreende a misericórdia de Deus a partir da ação misericordiosa de Jesus. Para os cristãos, em sua confissão de fé, em sua prática de vida e em sua busca de santidade, uma e outra coisa, história e salvação, se unem pela misericórdia. Salvos pela misericórdia de Deus, os cristãos testemunham essa realidade em suas vidas através da prática de misericórdia para com os mais pobres. Aqueles que são os primeiros a receber e reconhecer a ação salvadora de Deus em Jesus precisam ser os beneficiários da ação cristã e eclesial. A vivência da fé se dá na prática de misericórdia para com os pobres, uma prática que os assiste em suas necessidades urgentes e que, de maneira mais profunda e

---

[1] Discurso inaugural em Aparecida, 3.

através de caminhos próprios, deve atingir as estruturas da sociedade para que ela se torne mais próxima da realidade do Reino de Deus. O anúncio do Reino definitivo, assim como para Jesus, passa pela criação de ambiente de fraternidade, em que os humanos se reconheçam como iguais e como irmãos (Mt 23,8) e possam, assim, criar novos caminhos pelos quais se aproximem do futuro de Deus, que faz novas todas as coisas (Ap 21,5).

REFERÊNCIAS BIBLIOGRÁFICAS

Textos de Francisco

Evangelii Gaudium (A alegria do Evangelho), 2013.
Misericordiae vultus (O rosto da misericórdia), 2015.
Laudato Si' (Louvado sejas, Senhor), 2015.
Amoris Laetitia (Alegria do amor), 2016.
Misericordia et misera (A mísera e a misericórdia), 2016.
Gaudete et Exsultate (Alegrai-vos e exultai), 2018.

Documentos do Celam

Conclusões de Medellín (CM), 1968.
Documento de Puebla (DP), 1979.
Documento de Aparecida (DAp), 2007.

Outros textos

BENTO XVI. *Homilia* na Eucaristia de inauguração da V Conferência Geral do Episcopado Latino-americano, 13 de maio de 2007.

BENTO XVI. *Jesus de Nazaré*. São Paulo: Planeta, 2007; Principia, 2011, 2012. 3. vols.

BLANK, Renold. *Deus na história*. São Paulo: Paulinas, 2015.

GRILLMEIER, Aloys. *Le Christ dans la tradition chrétienne*. Paris: Cerf, 1973.

KASPER, Walter. *A misericórdia, condição fundamental do Evangelho e chave da vida cristã*. São Paulo: Loyola, 2015.

KASPER, Walter. *Papa Francesco, la rivoluzione dela tenerezza e dell'amore*. Brescia: Queriniana, 2015.

LIBÂNIO, João Batista. *Introdução à teologia fundamental*. São Paulo: Paulus, 2014.

LOPES GONÇALVES, Paulo Sérgio; BOMBONATTO, Vera Ivanise (Org.). *Concílio Vaticano II*: análise e prospectivas. São Paulo: Paulinas, 2004.

PASSOS, João Décio; SANCHEZ, Wagner Lopes (Org.). *Dicionário do Concílio Vaticano II*. São Paulo: Paulus/Paulinas, 2015.

PASSOS, João Décio; USARSKI, Frank (Orgs.). *Compêndio de Ciência da Religião*. São Paulo: Paulinas/Paulus, 2013.

RAHNER, Karl. *Teologia e antropologia*, São Paulo: Paulinas, 1969.

SEGALLA, Giuseppe, *A pesquisa do Jesus histórico*, São Paulo: Loyola, 2013.

SERENTHÀ, Mario. *Jesus Cristo ontem, hoje e sempre*; São Paulo: Ed. Salesiana Dom Bosco, 1986.

SOBRINO, Jon. *Jesus, o libertador*. Vozes: São Paulo, 1994.

SOUZA, Ney de (Org.). *Temas de teologia latino-americana*, São Paulo: Paulinas, 2007.

TENACE, Michelina (Org.). *Dal chiodo alla chiave, la teologia fondamentale di Papa Francesco*, Vaticano: Libreria Editrice Vaticana, 2017.

SUMÁRIO

Introdução 7
1. Cristologia da encarnação 15
2. Cristologia da misericórdia 43
Conclusão: cristologia na perspectiva dos pobres 73
Referências bibliográficas 85

Impresso na gráfica da
Pia Sociedade Filhas de São Paulo
Via Raposo Tavares, km 19,145
05577-300 - São Paulo, SP - Brasil - 2019